그들의 신은 누구인가

그들의 신은 누구인가
© 김시온, 2024

초판 1쇄 인쇄 2024년 3월 12일
초판 1쇄 발행 2024년 3월 16일

저자	김시온
펴낸곳	재노북스
펴낸이	이시온
표지디자인	오션
내지디자인	Jey Kang
ISBN	979-11-93297-13-1(13330)
정가	12,000원

서울시 금천구 가산디지털1로 205-27, 에이원 705호
팩스 | 050-4250-4547
카톡문의 | 재노북스
이메일 | zenobooks@naver.com
블로그 | https://blog.naver.com/zenobooks
원고접수 | 이메일 혹은 재노북스 카카오톡채널

당신의 경험이 재능이 되는 곳
당신의 노력이 노하우가 되는 곳
책으로 당신의 성장을 돕습니다.

작가님의 참신한 아이디어나 원고를 기다립니다.
접수한 원고는 검토 후 연락드리겠습니다.

그들의 신은 누구인가

**만들어진 '신' 정명석
그리고 그가 만든 '여신' 정조은**

시작하는 말

지난해 3월부터 현재까지 JMS와 관련해 60여건 이상의 단독 기사를 보도했다. 이를 통해 2023년 인신협 언론 대상 수상과 함께 'JMS 하면 가장 먼저 떠오르는 기자', 'JMS 전문 추적 기자' 등의 수식어도 얻을 수 있었다. 또 MBC 'PD수첩'과 '실화탐사대'에 출연해 언론인으로서 JMS에 대한 이야기를 전할 기회도 주어졌다. 이 외에도 SBS '그것이 알고 싶다'를 비롯한 다수의 언론사와 인터뷰를 하고 세르비아 최대 국영방송 RTS 등과 공동 취재를 진행하는 등 귀한 경험을 할 수 있었다.

하지만 이런 나도 JMS 취재 초기에는 JMS라는 이슈를 다루고 싶지 않아 피해 다녔다. 지난해 3월 넷플릭스 다큐멘터리 '나는 신이다'가 공개될 당시만 해도 JMS에 대해 무관심했고, 심지어 언론사 사회부에 몸담은 기자로서 해당 이슈를 다루어야 할 상황이 오면 여러 이유를 대며 회피하곤 했다. 이단 사이비에 대한 취재는 '어렵고 위험한 일'로 인식됐기 때문이다. 이단 사이비를 다루다가 물리적 해코지를 당한 목회자나 기자, 반 사이비 활동가의 사례는 쉽게 찾아볼 수 있었고, 이 외에도 법적인 문제 등으로 기자를 괴롭히는 사례가 만연하다고 익히 전해 들었기 때문이다.

직업적인 이유와는 별개로 4대째 기독교 집안에서 자라온 나에게 이단 사이비 문제는 피하고 싶은 주제이기도 했다. 하지만 우연한 계기로 JMS 핵심 관계자들과 소통할 기회가 주어졌고, 의도치 않게 JMS의 2인자 정조은까지 직접 만나 인터뷰하게 되면서 나의 의지와는 상관없이 JMS를 취재할 수밖에 없는 상황에 놓이게 됐다.

저자 김시온 올림

차례

- 4   시작하는 말
- 6   1장 정조은과 첫 대면
- 28   2장 정조은, 그리고 동상이몽 깨져버린 임시동맹
- 44   3장 정조은 핵심 관계자의 몰락
- 62   4장 정조은의 돈
- 88   5장 구속된 정조은, 그리고 그 후
- 111   맺는말

1

정조은과 첫 대면

"주님의 흰돌교회로 밤 8시까지 오시면 됩니다"

여신도를 성폭행 및 성추행한 혐의로 재판받는 기독교복음선교회(JMS) 정명석 총재의 공범으로 지목된 정조은(본명 김지선) 목사는 2023년 3월 20일 〈투데이코리아〉와의 통화에서 "제가 언론을 피하다 보니, 오해만 커진다. 이제 진실을 전하고 싶다"며 이같이 말했다. 그렇게 경기도 성남시 JMS 분교인 주님의흰돌교회(흰돌교회)에서 김 씨와 처음 만났다. 〈편집자 주〉

정명석 성범죄 2차 가해 논란
'J언니' 정조은 "피해자도 일부 책임 있어"

2023.03.23

"선생님(정명석)의 성 파문에 대해 아예 아니라고 생각하지는 않는다. 다만 교단 내 일부 무분별한 사람들이 있다. 무분별한 사람은 짧은 치마를 입고 노랗게 머리를 물들이고 이상한 취임새와 행동을 하는 사람을 말한다"

기독교복음선교회(JMS) 정조은(본명 김지선)목사는 지난 20일 〈투데이코리아〉와의 인터뷰에서 정명석 총재의 성범죄 피해자에 대해 이같이 밝혔다.

정 목사는 이른바 'J언니'로 알려진 JMS 2인자로 거론되고 있으며, 피해자들로부터 정 총재와 공범으로 지목된 인물이다.

정 목사는 이날 "넷플릭스 다큐멘터리 〈나는 신이다: 신이 배신한 사람들〉 방영 후, 여자들이 선생님(정 총재) 옆 1m~3m 반경 안에 들어오지 못하도록 막았다. 차량에도 함께 탑승하지 못하게 했으며, 스치는 것도 안된다고 강조했다"고 해명했다.

앞서 정 총재는 지난 2018년 2월부터 2021년 9월까지 충남 금산군에 위치한 수련원 등에서 홍콩 국적의 여신도를 17차례에 걸쳐 강제 추행, 준강간한 혐의로 기소됐다. 또한 지난 2018년 7월부터 이후 5개월 간 호주 국적의 여신도를 5회에 걸쳐 강제 추행한 혐의도 받는다.

정 총재는 과거 여신도 성폭행 혐의로 징역 10년을 선고받고 지난 2018년 2월 출소한 바 있다.

정 목사는 성 피해자들과 관련해 "내가 가장 힘든 부분이 이 부분이다. 사람들은 나를 선생님께 여자들을 갖다 바친 사람이라고 손가락질한다. 나는 성 피해자들을 선생님께 성적으로 연결한 적이 단연코 없다"며 "만약 내가 흔히 말하는 포주 역할을 했다면 그곳(감옥)에 있지 않겠나?"라고 되물었다.

이어 "나는 성 피해자가 발생하면 믿는 것도 아니지만, 믿어주는 입장"이라며 "다만 최근 진행된 5건의 고소인과는 접점이 전혀 없기 때문에 믿어줄 수 없다. 평소에 내가 선생님께 조심하라고 강조한 부류이기도 하고, 접점도 없기 때문이다"라고 설명했다.

특히 정 목사는 "교단 내 무분별한 행동을 하는 사람이 있긴 하다. 무분별한 사람이라 칭함은 말투나 짧은 의상, 취임새 등이 이상한 사람들, 선생님이 오해할만한 행동을 하는 사람들을 말한다"라며 "지금 추가 고소자라 하는 애 중에도 그런 아이들이 있었다. 머리를 아주 노랗게 염색하고 짧은 치마를 입은 채 선생님 옆에서 아나운서를 했다. 얼마나 오해가 되겠나? 사람들이 봤을 때.."라고 강조했다.

이어 '피해자들의 증언이 사실일 가능성은 염두에 두고 있나'라는 질문에 정 목사는 "그거는 아예 아니라고 하면 나도 너무 폐쇄적인 사람이 아니겠나. 그럼 안되지 않나. 열어놔야 하지 않나"라며 "다만 여기(JMS 교단) 안에서는 나만 이렇게 이야기한다. 다른 사람이 얘기하면 그냥 끝난다. 열어놔도 안 된다"고 말했다.

또한, "선생님이 출소하시고 나서 다시 성적인 문제가 발생했다면 나는 확인이 필요하다는 입장이다. 반드시 확인을 해봐야 한다"며 "선생님께도 말씀을 드렸다. 지금도 드리고 있다"고 전했다.

그러면서 "여기(JMS)는 이대로 가면 붕괴할 것"이라며 "이대로는 사회에서 매장당할 것이지만 회개하고 반성하면 가능성은 있다"고 덧붙였다. 다만 추후 사법부에서 정명석이 패소하면 어떡하겠냐고 묻자 "나에게만이라도 인정하고 사과하면 적어도 내가 맡고 있는 생명들에게는 다 얘기할 것"이라고 밝혔다.

정 목사는 교단 내 분위기에 대해 "이번 사건을 통해 처음 알게 됐다. 이곳이 좀 무섭긴 하다"라며 "우리 교회(주님흰돌교회)에서는 넷플릭스를 보지 말라고 강요하지 않지만, 교단 내 다른 교회들에서는 보지 말라고 한다"고 전했다.

하지만 정명석의 성 비리와 관련해 자기와는 상관이 없다고 선을 그은 정 목사의 이같은 주장과는 상반된 피해자들의 증언이 쏟아지고 있다.

우선 JMS를 탈퇴했다고 주장하는 제보자 A씨는 "내가 월명동에 있을 때 주 연결자들은 정조은, 정신빛, 정주나, 주달해, 정아빛 등이었다"고 전했다.

또한 정명석에게 여러 차례 성폭행을 당했다고 밝힌 에이미는 "자신을 처음 정명석에게 데려간 사람이 정조은의 최측근이었다"며 이후 "정명석에게 여러 차례 성폭행을 당해 혼란과 자책감에 시달렸다"고 밝혔다.

2019년 10월 정조은이 "정명석에게 더 잘해라, 선생님 가는 곳 좀 다 데리고 가달라고 그래. 최대한 갈 만한 데 조금 붙어 있어라. 어차피 혼자 있어봤자 이상한 생각만 할 거고"라며 정명석과 붙어있도록 종용했다고 밝히기도 했다.

자신을 전 '월성'이라고 소개한 또 다른 제보자 B씨는 "정조은은 밤에 정명석 침소에 누가 드나드는지 일일이 알고 있다"며 "이를 약점으로 잡고 꼼짝 못 하게 하고 있다"고 말했다.

이어 제보자 C씨 역시 "정명석이 감옥에 있는 10년 동안 예쁘고 키 큰 애들 데리고 감옥 면담 제일 열심히 다닌 사람, 전도되고 중국 넘어가 정명석의 온갖 수발들던 사람이 바로 ㅈㅈㅇ(정조은)"이라고 비판했다.

제보자 D씨는 "여성을 선별해서 마지막에는 정조은이 한 번 더 개인 면담을 한다. 비밀리에 따로 불러서 통과하면 정명석한테 가는 것"이라고 설명했다.

이와 관련해 바른미디어 조민음 대표는 "정조은 씨는 정명석 씨에게 책임을 전가하고 피해자들에게 2차 가해를 하면서 자신의 책임을 회피하고 있다. 오랜 시간 사이비 종교에 몸담았던 습성에서 나오는 발언으로 이해된다"며 "자신이 권력을 쥔 JMS 내부에서야 순간의 거짓말로 위기를 모면할 수 있겠지만, 현재 정조은 씨가 중심에 선 곳은 통제된 그들만의 세상이 아닌 법과 상식이 존재하는 사회"라고 꼬집었다.

그러면서 "정조은 씨의 태도는 JMS 탈퇴자, 피해자는 물론 JMS와 관련이 없는 이들에게까지 공분만 사게 할 뿐"이라며 "또한 수십 년 동안 줄곧

외치던 섭리 역사를 등지고 JMS는 붕괴될 것이라고 이야기하는 것 자체가 기회주의적인 발상이라는 사실을 본인만 모르는 듯하다"고 지적했다.

정조은 "정명석 예수 아냐, 선생님 가족들이 '메시아 집안'이라 주장"

2023.03.21

"정명석 선생님은 메시아가 아니다. 현재 JMS는 선생님이 메시아라고 믿는 사람들과 믿지 않는 사람들의 싸움이다. 다만 선생님의 가족들은 선생님이 메시아이길 바란다"

여성 신도를 준강간·준유사강간한 혐의를 받아 재판 중인 정명석 기독교복음선교회(JMS)총재의 오른팔로 불리는 정조은(본명 김지선) 목사가 지난 20일 〈투데이코리아〉와의 만남에서 정 총재에 대해 이같이 밝혔다.

정 총재는 2018년 2월~2021년 9월 충남 금산에 있는 수련원 등에서 17회에 걸쳐 20대 A씨를 준강간·준유사강간한 혐의를 받았다. 이어 2018년 7~12월 같은 수련원에서 5회에 걸쳐 30대 B씨를 강제추행한 혐의도 적용됐다. 대전지법 제12형사부(재판장 나상훈)는 21일 오후 2시 230호 법정에서 준강간, 준유사강간, 준강제추행, 강제추행 혐의로 기소된 정 총재에 대한 5차 공판을 진행했다.

정 총재의 성 비리와 관련해 정 목사는 "선생님께서 그러셨다 안 그러셨다고 말하기는 어렵지만 그러셨을 수 있다는 생각도 든다"며 "만약 성 관련된 파문이 사실이라면 선생님께서 인정하고 돌이키셨으면 좋겠다. 다만 이러한 문제는 선생님 개인만의 문제가 아닌 교단의 수뇌부들이 함께 책임을 지고, 감당해야 할 문제라고 생각한다"고 말했다.

그러면서 "정명석 선생님은 스스로를 메시아가 아니라고 말씀하시는데 오히려 가족을 비롯한 주변인들이 메시아라고 믿는다. 일례로 정명석 선생님 집안으로 시집을 간 사람에게 정명석 선생님 가족들이 '메시아 가문에 시집온 것을 영광으로 알아라'라고 말한 적도 있다"고 전했다.

아울러 "우리 교단의 교인들은 둘로 나뉜다. 광신적인 부분이 내 눈에도 보인다. 외부에서 그렇게 바라보는 것도 이해가 된다"며 "우리 스스로가 외부에서 바라봤을 때 이단성을 가진 부분을 자정작용을 통해 걷어내는 것이 맞는 것이라고 사료된다"고 강조했다.

또한 정 총재가 설교 시간에 스스로 메시아라고 칭한 것에 대해 정 목사는 "그 순간 방언을 하듯 예수님이 선생님의 몸을 빌려 말씀하신다는 뜻이지 결코 선생님 자체가 메시아라는 것이 아니다"라며 "선생님 개인의 삶과 정확히 분리해서 들어야 한다"고 힘주어 말했다.

특히 정 목사는 "내가 만약 정말 선생님이 메시아라고 믿었다면 이미 나는 다른 사람들처럼 멘탈이 무너졌을 것이다. 하지만 나는 선생님은 좋은 스승일 뿐 메시아가 아니라고 생각하기 때문에 견딜 수 있는 것이다"라며 "현재 선생님 관련된 이슈를 받아들이지 않는 현재의 지도부는 너무 위선자 같다"고 비판했다.

이와 관련해 '지도자들의 이러한 행동이 정말 정명석을 위한 마음 때문만인지 본인들의 자리를 지키기 위함인지' 묻자, 정 목사는 "2가지가 섞여 있는 거 같다. 둘 다 공존한다. 물론 존경심도 있지만 그걸 기반으로 자신들의 위치라던가 이런 걸 생각하는 거 같다"는 입장을 전했다.

그러면서 "구원은 예수님뿐이다. 예수님만 이루신다. 이를 왜곡되게 생각하는 사람이 이 안(교회)에 있기 때문에 지금과 같이 내가 공격을 받는 것이다"라며 "그들이 생각하기엔 선생님을 그냥 메시아로 해석한다"고 주장했다.

이어 "그런 사람들은 가스라이팅을 당하는 게 아니고 스스로 본인이 본인을 가스라이팅 시키는 것"이라고 덧붙였다.

하지만 정 목사의 주장과는 달리 JMS를 탈퇴한 다수의 신도들은 "정조은이 스스로를 성령의 화신이라고 말했으며, 정명석을 메시아라고 선포하고 다녔다"고 엇갈린 주장을 펼치고 있다.

한편, 대전지법 제12형사부(재판장 나상훈)는 21일 오후 2시 230호 법정에서 준강간, 준유사강간, 준강제추행, 강제추행 혐의로 기소된 정 총재에 대한 5차 공판을 진행했다.

이날 재판에서는 정 총재 측에서 신청한 증인 신문이 이뤄질 예정이었으나 증인들이 출석하지 않아 증인 신문 절차가 이뤄지지 않았다. 재판부는 정 총재의 과거 행적과 조력자 유무 등 도망갈 염려가 있다고 판단, 보석에는 어려움이 있다는 입장을 밝혔다.

특히 증인 신문을 통해 교리 문제와 세뇌 문제에 대해 신문할 수밖에 없고 집중심리를 하더라도 구속 기간과 상관없이 진실 발견에 노력해야 하며 이를 위해서는 신청한 5명의 증인이 아닌 1~2명의 증인 신문은 큰 의미가 없다고 강조했다.

검찰은 이에 대해 "정씨(정 총재) 측에서 신청한 증인 중 대부분 참고인 등 진술서 형태로 조사가 다 이뤄졌다"며 "수사 단계에서 충분히 진술이 현출됐다고 보이며 신문 필요성은 없다"고 답했다.

또 검찰은 정 총재 측 변호인의 행동이 재판을 지연시키려는 의도가 있다고 목소리를 높였으며 정 총재 측 변호인은 지연시킬 목적이 아니라고 반박했다.

검찰은 정씨가 신도들에게 자신을 메시아로 칭하며 세뇌, 자신의 말과 행동을 거부하지 못하도록 한 뒤 항거불능 상태를 이용해 범행을 저지른 것으로 보고 있다.

앞서 정씨는 과거에도 여신도를 성폭행한 혐의로 징역 10년을 선고받고 2018년 2월에 출소했으나, 출소 직후인 지난해 12월부터 이듬해 1월까지 충남경찰청에 한국 여성 신도 총 3명이 추가로 고소장을 접수했다.

이에 재판부는 다음 달 3일 오후 2시 피해자를 증인으로 불러 신문을 진행한 뒤 정 총재 측 증인 신문에 대해 논의할 방침이다.

김시온 기자의 시선
'정조은과 첫 만남' 취재기

"어떤 경로로, 어쩌다 정조은(본명 김지선)을 만나게 된 건가요?"

JMS와 관련해 가장 많이 들었던 질문 중 하나다. 이에 정조은을 만나게 된 과정과 어떤 대화를 나눴는지 그리고 그 당시 심경은 어땠는지 이야기를 한번 풀어볼까 한다.

JMS 취재를 시작하고 약 2주가 흐른 뒤 한 취재원으로부터 정조은의 부동산 관련된 자료를 입수했다. 자료는 정 씨의 부동산 의혹과 관련된 내용이 주였고 그녀의 부동산 및 재산에 대한 상당히 구체적이고 신빙성 있어 보이는 내용들이 대거 포함돼 있었다.

자료 검토를 마치고 반론권 보장을 위해 정조은의 연락처를 수소문했다. 그 결과 정씨 것으로 추정이 되는 3개의 번호를 얻을 수 있었고 그녀의 친동생과 어머니 등 일가를 비롯한 휜돌교회 부교역자 O 모씨, 교단 대외협력국장 C 모씨 등 측근으로 분류되는 이들의 번호까지 얻을 수 있었다.

이후 정 씨와 그의 일가 그리고 측근들에게 '정조은 부동산 불법 명의신탁' 등의 내용이 담긴 7가지 질의 내용을 일괄 전송했다. 여기서 한 가지

이변이 일어났다. 과거처럼 묵묵부답으로 일관하리라 예상했던 정조은, 그녀로부터 답장이 온 것이다.

정 씨는 내가 질문한 의혹들에 대해 "하나하나 다 이야기하겠다. 곧 연락드린다. 연락 주셔서 감사하다"라는 메세지 답장을 보냈다. 그 뒤로 한동안 정 씨의 답장은 오지 않았다. 기다리다 못한 나는 정 씨에게 대략 한 시간 반이 흐른 뒤 연락을 취했고, 예상치 못한 상황이 벌어졌다. 그녀가 갑작스러운 만남을 제의하며 본인이 사역 중인 '분당 주님의 흰돌교회'로 와달라고 요청한 것이다.

이단 사이비로 분류되는 종교의 중심부에 발을 들이고 2인자를 만난다는 생각에 오만가지 상상이 뇌리를 스치며 두려움이 엄습해왔지만 그와 동시에 다신 없을 기회라는 생각에 이내 제안을 수락했다.

인자를 만난다는 생각에 오만가지 상상이 뇌리를 스치며 두려움이 엄습해왔지만 그와 동시에 다신 없을 기회라는 생각에 이내 제안을 수락했다.

성인 남성 평균 키를 웃도는 정조은은 첫 만남 당시 밝은 갈색 머리에 흰색 머리띠로 이마를 드러낸 헤어스타일을 하고 있었으며 검은색 원피스를 입고 있었다.

정 씨는 '늦어서 죄송하다'는 말과 함께 자리에 앉았고 이후 본인에게 제기된 부동산 관련 의혹을 부정하며 변론을 늘어놓았다. 특히 정조은은 정명석의 성범죄 사실에 대해 "나는 몰랐고, 무관하다"라며 선을 그었고 성피해자를 향해선 "피해자에게도 일부 책임이 있다"라며 2차 가해성 발언을 서슴지 않았다.

이것이 나와 정조은의 첫 대면이었다. 이날 정 씨와의 대면 인터뷰는 3시간 이상 이뤄졌으며 이를 시작으로 여러 차례 통화를 나누기도 했다. 해당 사건을 시작으로 나는 JMS에 대한 취재를 본격적으로 뛰었고, 그만둘 수도 없는 상황이 되었다. JMS 2인자로 불리는 정조은과 처음이자 마지막으로 인터뷰를 한 유일한 기자가 되었기 때문이다.

이정민(가명) 탈퇴자의 생생증언
탈퇴자 입장에서 바라본 '정조은과 첫 만남'

JMS에서 정조은은 어떤 존재인가?

정명석이 징역 10년을 선고받은 후 수감생활 한 2008년부터 '사도 중의 사도'라는 수식어를 얻었다. 정조은은 중국에서 목숨을 걸고 정명석을 지킨 제자로서 사도의 표상이 되어 2000년대 JMS '구원을 이끌자' 등으로 불리며 몇 년에 걸쳐 2인자 지위를 다져갔다. 그러나 현실은 달랐다. 다수 월성 그룹에 따르면 정조은은 일종의 채홍사 노릇을 하며 2004년부터 사도라 불렸고, 그 증표는 2006년 크리스마스 영상이라고 볼 수 있다.

이후 그녀는 '천국성령운동'을 통해 전국 순회 집회를 다니며 '성령의 상징체'라고 불리는 등 점점 신격화됐다. 실제 그녀에게 기도 받기 위해 2시간 넘는 시간을 기다리거나 병든 자들이 기도 받기 위해 수십 명씩 줄을 서서 그녀를 기다리는 진풍경이 연출되기도 했다.

필자도 해당 집회를 매번 참석했는데 당시를 회상해 보면 기도 분위기를 연출하는 화려한 콘서트 후 병자를 상대로 기도해 주고 병자가 "정조은에게 기도를 받은 직후 치유되었다"라고 주장하며 신비로운 분위기를 연출했다. 성령집회를 통해 정명석이 실형으로 위축되던 교세를 오히려 확장

시켰으며, 2만 명 이하로 추산되던 신도 수가 4만 명 근접하게 증가했다. 이중 1999년 이전 입교한 신도는 40% 미만으로 추정되며 정조은 집권 후 입교한 새 신도가 60% 이상으로 분석된다.

특히 신입생 중에서 중·고등학생과 청년 대학생 등을 집중적으로 관리하고 투자하면서 해당 연령층이 크게 늘었다. 또 이 시기에 '마지막 때'에 대해 자주 언급하며 설교 시간에 "주님이 곧 재림하신다"라는 정명석 주장이 주일 단상마다 쏟아졌고, 새벽 1시 낮 1시 그리고 저녁 7시 기도를 뜻하는 117기도와 같은 극적인 신앙생활도 강조되었다.

2015년 3월 16일 정명석 생일에는 "전 교인의 영혼이 휴거 됐다"라며 "천국 황금성에 영혼을 모아 입성했다"라고 선포하며 기존 신도와 신입생을 대거 모아 집중적인 관리에 들어갔다.

이 같은 행보로 정조은은 사람이 아닌 신적인 존재로 비쳤고 자신 이전의 세대는 예수님이 영향을 주는 '성자 시대'였으나 2008년 이후부터는 성령의 시대가 왔다 교육하며 '성령의 상징체' 등으로 불린 자신의 역할을 강조했다.

필자가 파악한 결과 2021년 기준 전국 교역자들의 임명권과 교단 중직자 등에 대한 인사권 95% 이상은 정조은이 가지고 있었으며, 교단 전체

자금의 사용 결정권도 80% 이상 행사했다.

정조은의 정명석 배신 시기는?

2019년 정조은 측근 A 씨가 지인에게 한 발언에 따르면 당시 정조은이 본인 친부모님에게 "선생님(정명석)이 감옥에서 나오고 나서 매우 이상한 행동을 한다. 말씀을 보면 메시아가 맞는데 하는 짓은 아닌 거 같다"라고 했다고 한다. 이를 통해 이 시기 정명석과 선 긋기로 마음먹은 것으로 추정해 본다.

이 같은 정명석 선 긋기에 정조은 외 핵심 인물 3인이 등장하는데 바로 법적 대응을 담당한 전 대외협력국장 C 모 씨와 대외협력국 관계자들이다. 이들은 정명석에게 "구속 수사를 면하기 매우 어려울 것이다"라고 조언하며 정명석의 불안감을 키웠다. 정씨 일가 최측근에 따르면 정명석은 실제로 이런 조언으로 인해 불안에 떠는 날이 늘어난 것으로 전해진다.

이후 2022년 3월 16일 피해자의 고소로 정명석 경찰 수사가 시작되자 정조은은 측근들과 함께 각종 수단과 방법을 동원해 정명석 자리를 빼앗기 위한 움직임을 보였다. 우선 전 대외협력국장 C 모씨를 통해 정명석의 법적인 대응에 혼선을 주고 이와 동시 교단 핵심 인물들 포섭에 나선 것이다. 또 본인이 교단을 이어받을 명분을 생성하기도 했다.

2022년 5월경 정조은 측근에 따르면 2023년 3월 12일을 맞추어 본인의 사명 '성령의 현신체'를 선포하며 "정명석의 시대는 끝나고 성령(나)의 시대가 도래했음을 밝힐 것, 정명석은 전반기 역사의 실패로 인해 책임을 지고 감옥에 가는 것"이라고 설파한 것으로 알려진다.

수단과 방법을 가리지 않는 정조은

JMS 내부에서 정조은의 가정환경은 어렵고 가난했던 유년 시절로 알려졌다. 또 단상에서 본인이 종종 언급하기도 했었다. 그러한 그녀가 상당한 자산을 축적하며 고가의 명품으로 사치 부리는 것을 보면서 정명석 총애가 없었다면 수뇌부까지 오르기엔 부족한 인물이라는 생각이 들었다. 이같은 가정환경 때문인지 정조은은 돈과 권력에 대한 큰 집착을 계속해서 보였다.

정조은은 2004년 당시 정명석 신임을 얻은 후 탁월한 교단 장악력을 선보이며 본인을 반대하는 사람은 가차 없이 쳐내고, 이를 위해 모함과 직위해제, 심지어 제명까지 일삼았다. 이와 함께 정명석 주변 여성들까지 관리하며 권력을 휘둘렀다.

또 끊임없이 금전적 이득을 취하는 행보를 보였는데, 2015년 이후 고가의 명품 계열 의류와 액세서리 그리고 외제차 등으로 사치를 부리고 변모

해가며 각종 의혹과 구설수에 오르게 되었다. 이러한 이유 등으로 교단 내부의 다수 중직 자는 정조은의 행보에 대한 우려의 목소리를 내며 정조은의 과시욕과 파노플리효과를 경계하기 시작했다.

그들의 신은 누구인가

만들어진 '신' 정명석 그리고 그가 만든 '여신' 정조은

2

정조은, 그리고 동상이몽
깨져버린 임시동맹

"정조은과 정명석은 서로 떨어질 수 없는 상황"

JMS에서 간부로 생활하던 탈퇴자 A씨는 "정조은과 정명석은 서로 떨어질 수 없는 상황"이라며 "정명석이 정조은을 두둔하는 것은 예상된 당연한 시나리오다. 정조은이 망하면 그가 정명석과 관련된 자료를 풀며 자폭할 것이 자명하기 때문"이라고 설명했다. 〈편집자 주〉

'한 배를 탄 정조은 정명석'
자필편지 진위여부로 JMS 내부분열

2023.03.23

〈투데이코리아〉가 최초 입수한 기독교복음선교회(JMS) 정명석 총재의 자필 편지에 따르면 "나는 누구 편이 아니다. 조은이 목사도 흰돌교회 사임하지 말고 교인들과 대화하고 단합하고 문제들을 풀어주고 잡아주고"라는 내용이 담겼다. 이와 관련해 일부 교인들은 "정명석 글씨가 아니다. 필적 감정을 맡겨야 한다"고 강조했다.

지난 21일 정 총재의 자필 편지가 정조은(본명 김지선) 목사에게 전해진 가운데, 취재진은 해당 편지를 입수했다.

정 총재는 편지에 "내가 잘못한 것이 있으면 모두 용서를 빈다"며 서두를 뗐다. 이후 "너희도 내게 잘못한 것 있으면 용서하니 서로 화목해지자"며 이어 나갔다.

또 "계시록에 2장 17절 예수님이 이기는 자에게 흰 돌을 준다고 했다. 흰 돌교회의 흰돌은 예수님을 상징한 것이다. 이긴 자다. 예수님 교회다"라며

"또 분쟁하고 여러 이유를 달고 화목을 깨트리고 숨어서 뒤에서 말로나 서로 글로나 분쟁하는 자들은 다른 교회로 전입을 시킬 수밖에 없다"고 경고했다.

특히, 정 목사와 관련해서는 "조은이 목사도 흰돌교회 사임하지 말고 교인들과 대화하고 단합하고 문제들을 풀어주고 잡아주고 여러 가지 육적으로 흐른 신앙과 사랑들도 잡아주고 하나님 성령님 예수님 사명자 하나되어 결심대로 잘 좀 해주자"라고 전했다.

이와 관련해 흰돌교회는 비상대책위원회(이하 비대위)[1] 를 꾸렸다. 이들은 "해당 편지의 사인과 필적이 선생님(정명석)의 것이 아니다"라며 "정조은이 선생님의 필적을 위조했다"고 강하게 반발했다.

이어 "필적 대조 조사를 맡길 예정"이라며 "정조은이 임의로 선생님을 사칭한 것이라면 절대 좌시하지 않을 것"이라고 강조했다. 해당 편지에 대한 의견은 JMS 교단과 흰돌교회 뿐만 아니라 JMS를 탈퇴한 이들 사이에서도 높은 관심을 받고 있다.

편지에 대해 탈퇴자 A씨는 "필체가 교주 필체다. 평소 자신감 넘칠 때

---

1. 흰돌 비상대책위원회 : 정명석이 2022년 10월 재구속 되고 내분이 일어나며 그 책임으로 정조은이 정명석을 지키지 못했다고 반정조은파로 구성된 흰돌교회내 그룹, 정조은에게 각종 의혹을 제기하며 3월 12일 일종의 정조 쿠데타 후 그 중심에 있던 그룹이다.

교주가 멋부려가며 휘갈긴 글씨체와 이질감이 느껴지는데 이는 예전 교주 반성문을 참조하면 비슷하다는 것을 알 수 있다"며 "정조은은 사면초가의 위기에 놓여 있기에 편지를 조작하는 위험한 행동을 하지 않을 것"이라는 의견을 내놓았다.

반면 다른 의견을 내놓는 탈퇴자도 있었다. 탈퇴자 B씨는 "정명석의 글씨체가 아닌 거 같다. 평소 알고 있던 글씨체가 아니다"라며 "잔꾀가 많은 정조은이 조작했을 가능성도 농후하다"고 반박했다.

이같이 정명석의 자필 편지에 대해 '정명석이 작성한 글이 맞다. 아니다'로 내부갈등이 심화되는 분위기다.

JMS에서 간부로 생활하던 탈퇴자 C씨는 "정조은과 정명석은 서로 떨어질 수 없는 상황"이라며 "정명석이 정조은을 두둔하는 것은 예상된 당연한 시나리오다. 정조은이 망하면 그가 정명석과 관련된 자료를 풀며 자폭할 것이 자명하기 때문"이라고 설명했다.

정 목사는 지난 20일 〈투데이코리아〉와의 인터뷰 당시 용인 부동산 횡령 의혹과 관련해 '정명석 총재는 용인 땅과 관련해 자신이 전혀 모르는 부동산이라고 주장한 바 있는데 사실인가'라는 질문에 "그때는 선생님(정명석)이 메이플로부터 고소가 된 상태였다"며 "사소하게라도 돈까지 연루되면 절대 안되겠다는 생각이 들었다.

누군가 해당 부동산에 대해 물어보면 선생님은 절대 모른다고 답하시라고 당부해서 그러셨을 것"이라고 주장했다. 이처럼 정명석과 정 목사는 서로의 약점을 쥐고 있을 것이라는 추측이 나온다.

정 총재의 자필 편지의 진위여부를 판단하는 과정에서 JMS 내부 갈등이 고조되는 가운데, '주님의 흰돌교회' 정 목사와 주충익(오충익) 목사 해임안 등에 귀추가 주목된다.

MS 내부 갈등 최고조…
정명석, 해임 앞둔 정조은 두둔

2023.04.01

JMS의 2인자로 불리던 정조은(본명 김지선) 목사의 해임 여부가 오는 2일 진행될 예정이다.

주님의 흰돌교회(이하 흰돌교회) 비상대책위원회(이하 비대위)는 교인들에게 '임시공동의회(총회) 소집통지'를 최근 전달한 것으로 알려졌다.

해당 통지에는 오는 2일 오전 8시30분부터 14시까지 진행될 총회에서 정조은목사와 주충익목사(본명 오충익) 해임안에 대한 투표를 진행할 예정이라는 내용이 담겼다. 투표 대상자로는 '선거인명부에 등재된 18세 이상 등록 활성 회원'으로 제한했다.

흰돌교회 비대위는 지난달 22일에도 정조은과 주충익을 해임하기 위해 '흰돌교회 교역자 해임안'을 발의한 바 있다. 당시 비대위 일동은 "해임안을 통해 지난 2023년 3월 12일 총재님이 '죄가 있다'라고 공표한 정조은 목사의 주장에 절대 동의할 수 없다"며 "이를 방조한 주충익 목사 역시 용납할 수 없다"고 강조했다.

그러면서 "교역자들이 2년여간 하늘의 말씀(정명석 말씀) 원본을 훼손하여 전했다"며 "정조은 목사와 뜻을 함께해온 교역자들의 설교를 들을 수 없다"고 밝혔다.

특히 비대위는 "주충익 목사는 지난 21일 넷플릭스 다큐멘터리 '나는 신이다'를 청년부 예배에서 강제로 시청하게 했다"며 "정조은 목사 역시 슈퍼스타(중·고등부)[2] 예배 진행 시 2세[3]들의 이성관을 혼란스럽게 만들고, 선생님(정명석)의 말씀을 훼손했다"고 주장했다.

이어 "이들(정조은과 주충익)은 거짓을 일삼으며 연로를 차단하고 공포와 강압으로 교회를 운영했다"며 미몽에서 깨어나지 못하고 방황하여 섭리를 등지는 생명들이 많기에 시급히 지도자 교체가 필요하다"고 말한 바 있다.

하지만 해당 해임안이 발의된 이후에도 정조은은 여전히 흰돌교회에 남았으며, 예배가 있는 날에는 정조은 중심의 예배와 비대위 중심의 예배로 나눠서 2차례씩 진행했다.

---

2. 슈퍼스타 : JMS에서 정명석이 중등부, 고등부를 지칭하는 표현이다. 출소 전에는 샤이니스타(SS)로 지칭했으나 출소 후 슈퍼스타(SS)로 변경했다.
3. 부모가 JMS에서 만나 결혼한 가정국 부서에서 태어난 모태 JMS 신도, 즉 JMS 2세들을 말한다.

정명석 역시 정조은 편을 들고 있는 모양새다. 정조은 측에 따르면 지난달 29일 양승남 변호사와 교단 관계자 2명이 비대위를 향해 "총회를 중지하고, 비대위를 해산하라"는 입장을 전한 것으로 알려진다.

또한 지난달 28일 휜돌교회에 도착한 정명석 편지에 "전번에 편지 내가 보냈는데! 내가 할 것이다 하지 않았느냐? 나 위해서 한다고 나 해끼치지 말아라. 모임 총회 금지해! 내가 조은이 목회 휜돌 더 하라고 했다"라는 내용이 담겼다고 한다.

이와 관련해 휜돌교회는 "지난 3월 20일과 22일 휜돌교회에 모두에 주신 편지는 영상으로 제작해 공지하겠다"며 "선생(정명석)의 편지 원문 확인을 원하는 휜돌 교인은 1층 총무실에서 확인이 가능하다. 외부 유출 문제로 사진 촬영 및 복사는 불가능하다"고 밝혔다.

한편, 정조은은 지난 20일 〈투데이코리아〉와의 대면 인터뷰에서 "머리를 노랗게 물들이고, 짧은 치마를 입고, 이상한 추임새를 넣은 이들"이라며 정명석 성 피해자를 두고 2차 가해를 한 바 있으며, 넷플릭스 다큐멘터리 '나는 신이다'에서 정명석에게 여신도를 연결한 이른바 'J'언니로 지목된 바 있다.

이와 관련해 JMS에서 간부로 생활하던 탈퇴자 A씨는 "정조은과 정명석은 서로 떨어질 수 없는 상황"이라며 "정명석이 정조은을 두둔하는 것은 예상된 당연한 시나리오다. 정조은이 망하면 그가 정명석과 관련된 자료를 풀며 자폭할 것이 자명하기 때문"이라고 설명했다.

김시온 기자의 시선
'정조은, 그리고 동상이몽 깨져버린 임시동맹' 취재기

JMS 2인자이자 정명석 성범죄 공범으로 이른바 'J언니'로 알려진 정조은(본명 김지선)이 과연 정명석을 어떤 존재로 생각할까? 정 씨에게 정명석은 정말 '메시아'일까?, '스승'일까? 그것이 아니라면 '종교'라는 사업체의 '동업자'일까? 많은 이들이 궁금한 부분일 것이다.

정조은은 지난 재판에서 "나는 선생님이 메시아인 줄 알았다"라고 주장했지만 나는 이 같은 그녀의 말을 받아들이기 어려웠다. 지난 3월 20일 대면 인터뷰 당시 그녀의 입장은 정반대였기 때문이다.

그 당시 정 씨는 "현재 JMS 내부는 정명석이 메시아인지 아닌지를 두고 치열한 싸움을 하고 있다"라며 "나는 단 한순간도 선생님이 메시아라고 생각해 본 적 없다. 나에게는 좋은 스승일 뿐 신적인 존재가 아니다"라고 피력했다. 즉, 지난 3월 대면 인터뷰 당시만 해도 정조은은 정명석을 '메시아'가 아닌 '스승'으로 여겼다는 사실이 드러나는 대목이다.

그렇다면 정명석의 성범죄 여부에 대해 정 씨는 어떻게 생각했을까? 정 씨는 대면 인터뷰 당시 "선생님께서 그러셨다. 안 그러셨다고 말하기는 어렵지만 그러셨을 수 있다는 생각도 든다. 만약 성 관련된 파문이 사실이라면 선생님께서 인정하고 돌이키셨으면 좋겠다"라고 말하기도 했다. 이같이 정 씨가 자신의 성범죄 행위를 방어하지 않는 모습을 지켜본 정명석의 반응은 어떠했을까? 그의 반응은 매우 아이러니했다.

정명석은 자신을 공격하는 듯한 정조은을 여러 차례 옹호하는 모습을 보였다. 우선 3월 21일 흰돌교회에 도착한 정명석 자필 편지에는 "나는 누구 편이 아니다. 조은이 목사도 흰돌교회 사임하지 말고 교인들과 대화하고 단합하고 문제들을 풀어주고 잡아주라"라는 내용이 담겼다. 즉, 정 씨가 주님의 흰돌교회 사역을 이어 나갈 수 있도록 힘을 실어준 것이다.

이후에도 정명석의 정조은 사랑은 계속됐다. 흰돌교회 비대위 등은 정조은 해임안을 발의하는 등 계속해서 그녀를 공격하는 모양새를 보였으나 그때마다 정명석은 자필 편지 등을 보내며 정 씨를 보호했다.

일례로 3월 28일 정명석은 "전번에 편지 내가 보냈는데! 내가 할 것이다 하지 않았느냐? 나 위해서 한다고 나 해끼치지 말아라. 모임 총회 금지해! 내가 조은이 목회 흰돌 더 하라고 했다"라며 재차 편지를 보내기도 했다.

당시 상황을 종합하면 정명석의 성범죄 행위를 감추는데 일조해온 정조은이 위태롭던 임시 동맹을 깨부수고 정명석을 공격하며 각자도생을 꾀한 것으로 보인다. 이 같은 정조은의 행동으로 정명석은 깨달았을 것이다. 정조은의 마음은 '동상이몽'이었다는 것을 말이다.

김준수(가명) 탈퇴자의 생생증언
탈퇴자 입장에서 바라본 '정조은, 그리고 동상이몽 깨져버린 임시동맹'

JMS에서 12년간 활동하며 내 머리속 정조은이라는 사람의 실체는 무엇인가? 성령집회에서 정명석이 메시아, 구원주라고 입이 닳도록 외쳤던 사람이다.

그랬던 그가 "정명석 선생님은 메시아가 아니다. 현재 JMS는 선생님이 메시아라고 믿는 사람들과 믿지 않는 사람들의 싸움이다. 다만 선생님의 가족들은 선생님이 메시아이길 바란다"라고 주장하는 것을 보면서 기가 막혔다. 이러한 정조은의 주장은 '넷플릭스 나는 신이다'가 방영되고 피해자로부터 'J언니'라고 지목되자 수사의 칼날에서 벗어나려고 한 행동이라고 생각한다.

2023년 3월 12일 "JMS 섭리에 남아있는 육적사랑[4]을 뿌리 뽑지 않고서는 다음 단계로 갈 수 없다"라고 사실상 정명석의 성범죄를 인정하는 발언을 하면서 JMS 내부는 물론 세간의 이목을 집중시킬 때부터 예견된 결과였다.

---

4. 육적사랑/내적섭리 : 정명석 구속 후 정조은이 3월 12일 주님의 흰돌교회 지도자 모임을 통해 발언한 단어, 돌려서 표현했을 뿐 정명석 성범죄를 인정하는 듯한 발언이였고 사실상 '성관계'를 지칭하는 단어이다.

JMS 신도들은 정명석 성폭행을 절대 인정할 수 없고 그런 사실이 없다고 주장하는 형국에 정명석 최측근이자 2인자인 정조은이 이런 폭탄 발언을 했으니 적이 되는 건 시간 문제였고 그건 바로 신도들의 인생이 걸린 문제이자 신념 자체를 건드리는 꼴이니 말이다.

검찰은 항거불능과 그루밍성폭력 그 두 가지에 정조은이 가담을 했는지 안했는지를 주목하고 있었는데 그 부분을 피해가기 위해 자신은 정명석을 메시아로 가르친 적이 없으며 피해자를 만난 적이 없다고 주장해야만 했을 것이다. 그동안 실컷 "내가 메시아다"라고 했던 정명석이 법원만 가면 메시아, 구원주로 가르친 적이 없다고 하는 것과 너무 대비되면서 정말 그 스승에 그 제자라는 생각이 들었다.

한편 정조은은 검찰 공소사실이 인정되어 10월 20일 징역 7년의 중형을 받았다. 정조은이 그렇게도 외쳤던 정명석을 통해 이룬 신부시대 창조목적 사랑은 결국 '성폭행'이였다는 사실이 법의 심판을 통해 드러난 것이다. 탈퇴자의 시각으로 너무나 안타까운 것은 JMS 신도들은 여전히 정명석과 정조은을 분리해서 본다는 것이다.

그렇게 정조은과 하나이자 운명공동체이자 정조은 없는 JMS는 하나님 역사를 완성할 수 없다며 항변했던 정명석의 외침은 사라지고 마치 예수님을 배신한 가룟유다 같은 정조은 하나만 남았다.

JMS 신도들이 이 글을 읽는다면 '정명석이 무조건 옳다'는 생각을 버리고 JMS를 객관적으로 바라보면서 올바른 판단을 하기를 희망한다. 제보자들의 목소리가 JMS탈퇴를 고민하는 많은 신도들에게 용기를 주고 그들의 결심에 도움이 되기를 바란다.

3

정조은 핵심 관계자의 몰락

"기독교복음선교회의 교주 정명석의 성 비리 사건과 관련해 공범으로 지목되며 준유사강간 혐의를 받는 정조은(본명 김지선)이 첫 공판에서 자신과 관련된 모든 공소 사실에 대해 전면 부인했다. 조력자들로 지목된 4인의 피고인 역시 자신들의 혐의를 부인했으나, 국제선교국장 정초연(가명)은 자신의 혐의에 대해 인정했다"

대전지법 제12형사부(재판장 나상훈)는 이날 오전 10시 230호 법정에서 준유사강간, 준유사강간방조, 강제추행방조, 준강간방조 등의 혐의로 기소된 JMS 여성 간부 6명에 대한 첫 재판을 심리했다. 〈편집자 주〉

'JMS 2인자' 정조은 등 6명 구속영장, 핵심 비서들 참고인 조사는 언제?

2023.04.14

    검찰이 'JMS 2인자'로 불리는 정조은을 비롯한 핵심 인물 6명에 대해 구속영장을 청구했다. 다만 정명석과 정조은 사이에서 전화를 연결하거나 개인 헌금을 관리 및 수거하는 이른바 '핵심 비서' 중 일부는 압수수색은 물론이고 참고인 조사도 받지 않은 것으로 확인됐다.

    대전지검 여성아동범죄수사부(김지혜 여성아동범죄 조사부장)는 13일 핵심인물 6명에 대한 구속영장을 법원에 청구했다. 이번 영장 청구 발부 여부는 오는 17일 진행될 예정이다.

    앞서 정 목사는 지난달 넷플릭스 다큐멘터리 '나는 신이다'에서 일명 'J언니'로 지목한 바 있다. 피해 여성들을 정명석에게 연결하거나 성폭행을 묵인하는 등 범행에 가담했다는 것이다.

    다만 이와 관련해 정 목사는 3월 12일 지도자 모임에서 "저희교회만 해도 확인된 바로는 피해자가 7명이고, 2명이 미성년자다. JMS 측 증인 중

한 명은 선생님께서 거짓 증언을 시킨 자료까지 있다고 한다"며 정명석과 선을 그었다.

특히 〈투데이코리아〉와의 인터뷰에서 정 목사는 "선생님(정명석)의 성 파문에 대해 아예 아니라고 생각하지는 않는다. 다만 교단 내 일부 무분별한 사람들이 있다. 무분별한 사람은 짧은 치마를 입고 노랗게 머리를 물들이고 이상한 추임새와 행동을 하는 사람을 말한다"며 피해자를 향한 2차 가해도 서슴치 않았다.

그러면서 정 씨는 성 피해자들과 관련해 "내가 가장 힘든 부분이 이 부분이다. 사람들은 나를 선생님께 여자들을 갖다 바친 사람이라고 손가락질한다. 나는 성 피해자들을 선생님께 성적으로 연결한 적이 단연코 없다"며 "만약 내가 흔히 말하는 포주 역할을 했다면 그곳(감옥)에 있지 않겠나?"고 되물었다.

이어 "나는 성 피해자가 발생하면 믿는 것도 아니지만, 믿어주는 입장"이라며 "다만 최근 진행된 5건의 고소인과는 접점이 전혀 없기에 믿어줄 수 없다. 평소에 내가 선생님께 조심하라고 강조한 부류이기도 하고, 접점도 없기 때문이다"라고 설명했다.

이렇듯 정 목사는 본인의 범행에 대해 극구 부인하고 있는 상황이다. 하지만 취재를 종합해보면 이와 같은 증언은 사실이 아닌 것으로 파악된다.

정 목사는 자신의 교회 출신 여신도 중 일부를 정명석에게 '비서'라는 이름을 붙여 전화할 때도 정명석의 전화가 아닌 비서들의 전화를 통해 소통한 것으로 알려진다. 특히 정명석과 정 목사의 개인 헌금을 담당하는 비서도 따로 존재한다.

한 제보자에 따르면 "비서 정모 씨와 주모 씨가 정명석이나 정조은에게 가는 개인 헌금을 유통하는 역할을 했다"고 말했다. 또 다른 전 JMS 핵심 관계자에 따르면 "정명석이 비서들에게 '너희 헌금이나 이런 거 함부로 만지면 안돼. 조은이는 전에(중국에서) 나랑 다 겪어봐서 너네(비서들) 시키는 거야'라고 말했다"며 "법에 걸릴 수 있는 일들은 모두 비서들의 손을 통해서 했다"고 설명했다.

이 외에도 신도를 정명석에게 알선하는 역할이나 그의 집무실에 출입하는 사안도 비서들이 관리한 것으로 알려진다. 이 중에서는 정명석의 편지를 담당한 사람도 존재한다. 하지만 이와 관련해 압수수색이나 참고인 조사를 받지 않은 비서가 다수 존재하는 상황이다. 〈투데이코리아〉의 취재를 종합하면 비서진은 12명에 달하는 것으로 파악된다.

탈퇴자 가운데 일부는 "정조은과 정명석의 성 문제뿐만 아니라 돈 문제나 각종 주요 문제를 다루려면 비서들이 반드시 드러나야 하는 상황인데 참고인 조사조차 이뤄지지 않고 있어 걱정"이라고 꼬집었다.

'집 앞에 사람 보내' 협박한 JMS
경찰, 정명석 측근 협박 명예훼손 조사

2023.04.27

기독교복음선교회(이하 JMS) 정명석의 성범죄를 방조한 혐의 등으로 구속된 정조은(본명 김지선)과 대외협력[5] 국장 정귀복(본명 최철환)이 JMS 핵심 관계자 출신 A 씨로부터 명예훼손, 협박 등으로 고소당해 경찰 조사를 받은 것으로 확인됐다.

〈투데이코리아〉의 취재를 종합하면, A 씨는 김지선은 허위사실 명예훼손죄로, 최 씨는 협박죄로 각각 고소했다. 고소장은 지난 4일 분당경찰서에 접수됐으며, 현재 경찰 조사가 이뤄지고 있다.

앞서 김 씨는 지난해 11월 9일 경기 성남시 흰돌교회에서 열린 '부동산 횡령 의혹 해명 자리'에서 "부동산 횡령 등의 문건이 거짓이라고 A 씨가 자백했다"라는 등의 허위사실을 교인 500명 앞에서 발표했다.

---

5. 대외협력국/섭리국방부 : JMS 교단 내 구성된 지국, 대내외 협력이라고 하지만 사실상 탈퇴자와 신도간 접촉을 저지하고 탈퇴자 및 이단사역자 활동을 감시하고 프락치를 침투시켜 동향파악 및 협박, 고소고발 등으로 괴롭히는 부서.

김 씨는 지난해 일부 JMS 회원으로부터 '부동산 실권리자 명의 등기에 관한 법률 위반 및 업무상배임, 횡령, 사기' 등의 명목으로 교단 내에서 구설에 휘말린 바 있다. 이와 관련해 A 씨가 이의를 제기해 논란이 불거지자, 이를 무마하려던 김 씨는 A 씨가 거짓말한 것이라고 주장한 것이다.

협박죄로 고소당한 최 씨는 '육군사관학교'를 졸업한 이후 군에서 장교로 복무하다가 중령으로 예편한 후 JMS의 대외협력국장 활동을 시작했다.

최 씨를 필두로 한 JMS의 대외협력국은 탈퇴자에 대한 협박이나 미행 등을 자행해 왔다. 교단 내에서 이른바 '섭리 국방부 장관'이라고 불린 최 씨는 전국 교회를 돌며 탈퇴자에 대한 '악평 교육'(명예훼손)을 하며 부정적 여론을 잠재우는 역할을 했다는 증언이 쏟아졌다. 특히 대외협력국 산하에 4명으로 조직된 이들, 이른바 '귀뚜라미'[6]는 정명석 총재에게 성폭행 당한 탈퇴자들을 미행하는 역할을 수행했다.

또한, 최 씨는 넷플릭스 다큐멘터리 '나는 신이다'의 프리뷰(인터뷰 대화 내용을 문서로 작성한 것) 파일을 2022년 3월 JMS 수뇌부에 사전 유출한 사건과 연관된 것으로 확인됐다.

---

6. 귀뚜라미 : JMS 교단에서 탈퇴자 및 이단사역자를 상대하는 대외협력국, 홍보국, 개우지(인터넷대응팀) 세부서 중 엘리트만 선별해 만든 그룹, 대응이 필요한 곳에 침투시켜 감시와 동향파악 및 협박, 고소고발 등을 전문화한 부서.

고소인 A 씨에 따르면 최 씨의 폭언은 살해협박에 가까웠다고 설명했다. 최 씨는 지난해 3월경 A 씨와의 음성통화 과정에서 "나는 다른 사람들과 틀리다. 찍어버리겠다. 찢어 죽여버리겠다"라는 폭언을 반복했다. A 씨는 "이는 내게 살해 협박으로 느껴졌다"고 기억했다.

그러면서 "원래 이 사람(최철환)이 교단 내에서 이와 같은 일(협박 등)을 수행하거나 지시하던 사람이기 때문에 극심한 공포감을 느꼈다"고 설명했다. 이어 "같은 해 5월경에는 2명의 JMS 회원을 시켜 집앞에 찾아와 30분이 넘도록 문을 두드렸다"며 "불안감을 느껴 CCTV까지 설치했다"고 토로했다.

최 씨의 협박은 이후에도 지속됐다. A 씨는 "같은 해 6월경에는 JMS 내 지인으로부터 '(최철환이)지금 너희 집으로 사람을 보냈다'는 말을 전해 듣고 CCTV 녹화본을 확인해본 결과, 신원 미상의 사람이 집 앞 대문 사진을 찍고 있었다"고 전했다.

이와 관련해 고소인 측 류인규 변호사(법무법인 시월)는 "협박, 손괴, 주거침입 미수 등으로 고소할수 있는 사안"이라며 "또한 접근금지가처분 신청 또한 가능할 것으로 보인다"고 설명했다.

JMS 탈퇴자 "오장육부가 뒤틀리는 기분"
정명석 공범 정조은 혐의 부인

2023.06.09

기독교복음선교회의 교주 정명석의 성 비리 사건과 관련해 공범으로 지목되며 준유사강간 혐의를 받는 정조은(본명 김지선)이 첫 공판에서 자신과 관련된 모든 공소 사실에 대해 전면 부인했다. 조력자들로 지목된 4인의 피고인 역시 자신들의 혐의를 부인했으나, 국제선교국장 정초연(가명)은 자신의 혐의에 대해 인정했다.

대전지법 제12형사부(재판장 나상훈)는 이날 오전 10시 230호 법정에서 준유사강간, 준유사강간방조, 강제추행방조, 준강간방조 등의 혐의로 기소된 JMS 여성 간부 6명에 대한 첫 재판을 심리했다.

이날 재판에서 검사 측은 "피고(김지선)는 1990년경 정명석 해외 도피 당시 홍콩에서 성 피해자를 세뇌하거나 중국에서 도망간 성 피해자를 잡아 오고는 등 정 교주의 성범죄를 지원해왔다. 지난 2018년 정명석의 출소 이후에도 홍콩 국적 피해자를 면담하고 측근을 통해 관리해 오는 등 정명석과 공모해 범행을 저질렀다"라며 공소 사실을 밝혔다.

이에 대해 김 씨의 변호를 맡은 김엄연 변호사는 김 씨의 혐의에 대해 "공소 사실에 대해 인정하지 않는다. 언론과 구속 기소된 정명석 조서 등에서 김지선 씨를 '2인자'라고 많이들 하시는데 실제로 맡았던 일 등을 고려했을 때 그런 것이 아니다"라고 부정했으며, 김 씨 역시 "(공소 사실을) 인정하지 않습니다"라며 본인의 혐의를 부인했다.

JMS의 민원국장을 맡으며 해외 도피 시절 정명석에게 성 피해자를 데려가거나 세뇌하는 역할을 맡은 것으로 알려지는 정유빛과 그의 변호인 역시 혐의에 대해 모두 부인하는 입장을 밝혔다.

정 국장 변호인 측은 "(정유빛 씨가)성범죄를 방조한 바 없으며, 피해자에게는 조언했을 뿐이다"라고 주장했다.

검찰은 이와 관련해 "(피고 정유빛이) 성 피해자가 서울로 도망쳤다는 연락을 받자, 부산에서 서울까지 올라가 면담하며 정명석의 성범죄가 '극적인 사랑'이라고 말하는 등 성폭행 사실을 알면서도 범행을 방조했다"고 밝혔다.

김 씨와 정 국장을 포함한 6인의 피고인 중 5명은 본인의 혐의에 대해 부인했으나 국제선교국장을 맡은 정초연은 "인정한다. 검사 측에서 하신 말씀 모두가 사실이다"라며 본인의 혐의에 대해 인정했다.

이날 재판에는 김 씨가 목회하던 '주님의 흰돌교회'의 공동 교역자 주충익(본명 오충익)이 참석했다.

재판을 지켜본 한 JMS 탈퇴자는 "혐의를 부인하는 모습을 보니 오장육부가 뒤틀리는 기분이다. 김지선의 당당한 모습에 충격이다"라며 비판했다.

재판부는 향후 검찰의 입증 계획 등을 정리하기 위해 오는 21일 기일을 한차례 속행할 예정이다.

JMS 2인자 정조은, 면직 처분···
광복절 1만 5000명 대규모 집회 예고

2023.08.02

　기독교복음선교회(이하 JMS)의 2인자로 불리는 정조은(본명 김지선)이 본인이 목회하던 교회에서 면직당했다.

　2일 〈투데이코리아〉의 취재를 종합하면, 김 씨가 목회하던 주님의흰돌교회(이하 흰돌교회)는 지난달 27일 본당에서 '확대지도자모임'을 진행한 가운데, 이같은 안건이 건의된 것으로 알려졌다.

　이후 같은 달 30일 시행된 당회 투표에서 김 씨는 투표에 참석한 74명의 찬성 가운데 면직이 결정됐다.

　이에 대해 JMS 측은 "정조은 목사는 흰돌교회에서 교회를 혼란에 빠트리고 많은 생명을 유실케 했다"라고 설명했다.

　앞서 김 씨는 지난 3월 12일 JMS 지도자 모임에서 정명석의 성범죄에 대해 시인하는 듯한 발언 이후 JMS 교단과 자신이 목회하던 흰돌교회로

부터 배척을 당했다는 의혹이 제기된 바 있다.

이와 관련해서 다수의 제보자는 "정명석의 유죄가 확실시되는 분위기가 조성되며 본인에 대한 공범 정황이 언급되자 혼자 빠져나가기 위해 정명석과 선을 긋던 정조은이 본인 교회의 교인들에게도 버림을 받은 상황"이라고 주장했다.

한편, 정명석 측은 지난달 17일 재판을 앞두고 법관 기피를 신청했으나 같은 달 26일 기각된 것으로 나타났다. 기피 사유는 정확하기 알려지진 않았다.

이에 JMS 측은 법관 기피신청 기각과 관련해 유감을 표명하며 이달 15일 1만 5000명이 참가하는 대규모 집회를 개최할 것이라고 예고했다.

김시온 기자의 시선
'정조은 핵심 관계자의 몰락' 취재기

JMS는 정명석이 해외 도피와 수감생활로 20여 년 동안 자리를 비움에도 불구하고 수만 명의 교세를 유지해 왔다. 교세가 유지될 수 있었던 것은 정조은과 같이 정명석을 돕는 조력자들이 있었기 때문이다.

정명석에게 정 씨와 같은 조력자가 있었듯이 정조은도 그녀를 돕는 다수의 조력자가 존재했다. 정조은은 정명석 수감 기간 정명석과 면회 권한을 독점적으로 쥐고 자신의 권력을 키워왔고, 정명석 출소 이후에는 자신의 심복들을 '명작 스튜디오'나 '대외협력국' 등 교단의 핵심 부서와 정명석 측근으로 포진시켜 그 권력을 유지했다.

정 씨 핵심 관계자들로는 우선 그녀의 일가, 휜돌교회 부교역자 O 모씨와 목사진들 그리고 휜돌 지도자들 또 JMS 방송국 중 하나인 '명작 스튜디오'의 사내이사와 국장을 역임한 정 씨의 운전비서 K 모씨, 전 대외협력국장 C 모씨 등이다. 또 정명석을 최측근에서 보필한 수행비서 대부분이 정명석과 그의 일가가 아닌 정조은 라인으로 분류된다.

하지만 정조은 핵심 관계자들은 결국 힘을 잃었다. 이들의 몰락은 정조은이 정명석을 배척하기 시작하며 시작된 것으로 볼 수 있다. JMS 안에서

'성령의 상징체', '천만인의 어미' 등으로 불리며 정명석의 공백을 채우는 신적인 존재로 추앙받던 정 씨가 정명석의 성범죄 사실을 일부 인정하는 듯한 발언을 내뱉음으로 인해 JMS 내부는 '친 정조은'과 '반 정조은'으로 나뉘게 된 것이다.

이중 JMS 신도 대부분은 정 씨 반대편에 섰고, 정 씨의 세력은 빠르게 몰락하기 시작했다. 특히 정 씨와 전 대외협력국장 C 모씨 그리고 정명석에게 심어둔 수행비서 등이 구속되거나 검찰 조사받으며 정조은 핵심 관계자의 몰락은 가속화됐다. 결국 JMS 내에서 무소불위의 권력을 가졌던 정 씨와 그녀의 핵심 관계자들은 현재 대부분 JMS를 떠나거나 구속됐다.

조민주(가명) 탈퇴자의 생생증언
탈퇴자 입장에서 바라본
'정조은 핵심 관계자의 몰락'

정명석과 공범자들의 조직범죄가 가능한 이유는 '철저한 세뇌'가 있었기 때문이라고 생각한다. 그렇기에 세뇌의 입증(항거불능)은 매우 중요한 사항으로 여겨졌고, 정 씨는 과거 23차례가 넘는 성범죄와 관련한 조사를 받을 때마다 "본인은 메시아라고 한 적이 없다"라고 주장하며 위력에 의한 세뇌를 부정해 왔다. 포교 역시 세뇌를 통해 진행된다.

필자가 JMS에 들어간 이유와 탈퇴를 망설였던 근본적 원인을 깊이 생각해 보니 결국은 그놈의 '구원' 때문이었다. JMS는 영적인 구원을 들먹이며 신도들의 희생을 강요해왔다. 세뇌는 JMS 단체의 특성 중 하나로 자리 잡았다. 교단에서 인지도를 얻은 신도가 JMS를 탈퇴하면 왜곡된 내용으로 악평 세뇌 교육을 시작한다.

실제로 JMS에서 내부고발을 했던 한 관계자에 따르면, 관계자는 정씨 일가의 부탁을 받고 2인자 정조은의 실체를 폭로하는 게시물을 수차례 작성해 큰 이슈가 된 바 있다. 하지만 정조은이 교단을 장악한 상황에서 그녀를 고발하는 것은 쉽지 않았고, 정조은은 본인의 목적을 위해 해당 관계자의 집에 사람을 보내거나 협박을 하는 것도 서슴지 않았다.

결국 그 관계자는 정조은의 상당한 압박을 받다 징계위원회에 회부된 뒤 결국은 제명되었다. 제명 과정도 정조은의 계획대로 흘러갔다. 우선 징계위원회를 구성함과 동시에 정조은 핵심 관계자들은 정관을 수정하면서까지 절차를 간소화하고 제보자 색출에 나섰다.

이후 파악된 제보자에게 온갖 프레임을 씌운 뒤 제명했고, 동시에 제보자를 '사탄'으로 규정하며 전국 교역자와 신도들을 선동했다. 결국 정조은은 본인의 횡령 의혹을 무마시키기 위해 고발한 관계자를 희생양으로 택한 것이다.

4

정조은의 돈

정명석의 오른팔로 불리며 2인자로 알려진 정조은이란 인물에 대한 관심이 커지는 가운데, 그녀의 남다른 명품 의류와 악세사리 등을 구매하는 것에 대한 의구심도 덩달아 커지고 있다.

실제 제보자들은 정조은과 그녀의 가족들은 교단 일외에 다른 직업이 없었음에도 외제차 3대와 막대한 부동산을 보유하고 있다고 주장하고 나섰다. 특히 JMS는 교단을 제외한 국내 230여 개의 교회가 한 달에 한 번씩 재정을 공개하고 있지만 그녀가 있는 교회는 약 3년간 재정 공개를 하지 않고 있다는 사실도 확인되면서, 〈투데이코리아〉 취재진은 그녀가 소유하고 있는 것으로 알려지거나 의혹이 있는 건물들과 부동산, 땅 등을 추적하기 시작했다.〈편집자 주〉

JMS 정조은 부동산 횡령 의혹…
"개인적으로 쓰려고 산 것 아냐"

2023.03.21

"개인적인 목적으로 구매한 것들이 아니다. 자세한 내용은 교단과 관련된 사안이 포함됐기 때문에 말하기 어렵다"

기독교복음선교회(이하 JMS)에서 정명석 총재의 오른팔로 일컬어지는 '정조은(본명 김지선)' 목사는 〈투데이코리아〉와의 인터뷰에서 최근 불거진 횡령 및 부동산 투기 의혹에 대해 이와 같이 밝혔다.

현재 정 목사는 휜돌교회 자금을 횡령해 수십억원대에 달하는 부동산과 차량 등을 구입했다는 의혹을 받고 있다. 이와 관련해 교인 30여 명은 정 목사와 그의 동생 정대현 등을 상대로 고소했다고 밝혔다.

앞서 〈투데이코리아〉와 만난 JMS의 핵심 간부 A씨에 따르면 지난 2월 21일 JMS 신도 강 모 씨가 정 목사 측을 '부동산 실권리자 명의 등기에 관한 법률 위반 및 업무상배임죄, 횡령죄, 사기죄' 명목으로 경기분당경찰서에 고발했다. 해당 고발은 강 씨를 비롯한 30여 명의 신도가 함께 준비한 것으로 전해진다.

A씨에 따르면 정 목사는 2017년도부터 2019년까지 3년에 걸쳐 정대현 등 측근 이름으로 수십억에 달하는 부동산을 차명 구입한 것으로 알려진다.

A씨는 "정조은의 횡령 정황이 명확해 보이는데 수사기관이 아니다보니 통장 내역과 같은 명백한 자료를 구하는데 어려움이 있다"며 "이에 '부동산 실권리자 명의 등기에 관한 법률 위반 및 업무상배임죄, 횡령죄, 사기죄'로 고발했다"고 설명했다.

정 목사는 기본급 300만원과 JMS 지부 중 하나인 흰돌교회 외에 교회 2곳으로부터 '담임 교역자' 명목으로 월 300만원씩 받아 총 900만원의 소득을 얻고 있다. 정 목사 동생 정대현은 현재 광고대행사를 운영 중인 것으로 알려졌으나, 부동산 구매 시기인 2017년부터 2019년에는 교단 일 외에 별다른 직업은 없었던 것으로 알려졌다. 정대현이 광고대행사를 창업한 것은 부동산 구매가 모두 이뤄진 후인 2020년 3월 18일이다.

이를 토대로 정 목사를 포함한 5명의 가족이 원칙적으로 교단으로부터 받을 수 있는 돈은 많아야 1300만원 안팎인 것으로 추정된다. 이런 그들이 2017년도부터 2019년까지 단 3년 만에 수십억에 달하는 부동산을 구매한 셈이다.

정 목사는 "고소·고발이 들어갔더라도 형성이 돼야지만 문제가 되는 것"이라며 "성립이 되지 않을 가능성도 있다. 이번에는 50억 건이지만 전에는 500억 건도 있었다"고 말했다.

그러면서 "이와 비슷한 이슈로 지금까지 통장을 오픈한 횟수가 5회를 넘는다"며 "구매한 부동산에 실질적으로 들어간 현금은 51억 중 20억 가량이며 그중 5억은 아버지의 부조금이다"라고 토로했다.

실제로 부동산은 건물 4동, 토지 10필지이며, 총 매입(건축)금액은 51억 5,184만원이다. 이중 채권채고액은 30억9,726만원이다. 일반적으로 채권채고액이 실제 부채의 130% 인점을 감안하면, 실제 부채는 23억8,251만원이다. 토지 및 건물의 실제 구매 및 건축비의 합계액은 27억6,933만원에 달한다.

이와 관련해 제보자 A씨는 "정조은과 그의 가족들은 교단 일 말고는 따로 가진 직업이 없고, 그렇다고 그 집안이 원래 부유한 집안도 아닌데 몇 년 사이에 수십억에 달하는 부동산과 외제차 3대 그리고 각종 명품 의류 및 액서세리를 구매했다는 것은 휜돌교회의 헌금을 횡령한 것으로 보인다"며 횡령 의혹을 제기했다.

이에 대해 정 목사는 강하게 부인했다. 정 목사는 "나는 교회의 돈을 단 한번도 횡령한 적 없다. 해당 부동산 종류를 잘 보면 개인적인 목적으로 사용할 수 있는 종류의 부동산들이 아니다"라며 "자세한 내용은 나와 교단이 따로 만나서 이야기를 해야 할 문제"라고 설명했다.

이어 '부동산 명의가 왜 친동생인 김대현 이름으로 돼있나'라는 취재진의 질문에 정 목사는 "동생 명의로 할 수 밖에 없었던 상황이었다"며 "자세한 내용은 교단과 이야기하겠다. 조사받게 된다면 수사기관에 이야기하겠다. 언론에 할 이야기는 아닌 것 같다"고 답했다.

이날 인터뷰에 함께한 휜돌교회 재정을 담당하는 B씨 역시 "종교 단체의 어떤 시스템이나 각 단체별 부동산 취득 스타일이 다르다보니 개인 명의로 샀다가 또 다른 명의로 바꾸고 하는 경우도 생긴 것 같다"고 해명했다.

이와 관련해 '교단 전체가 동일한 방법으로 부동산을 취득하고 있다는 것인가'라고 묻자, "전체가 그런것은 아니다. 다만 그 지역에 사는 사람만 취득 가능한 땅이 있다. 이와 같이 다양한 이유로 개인 명의로 땅을 구매하는 경우가 교단 내에서는 종종 있다"고 전했다.

아울러 '왜 하필 오해의 소지를 줄 수 있는 가족 명의 부동산을 구매한 것인가'라고 되묻자, 정 목사는 "그거는 오해의 소지가 있다"고 일축했다. 이어 B씨는 "명의를 아무한테나 줄 수 없는 것이 아니겠냐"고 반박했다.

더불어 정 목사는 "내가 축적했다고 하는 부동산들의 경우 팔아도 실질적으로 얻을 수 있는 금액이 거의 없다"고 호소했다.

JMS는 교단을 제외한 국내 230여 개의 교회가 모두 한 달에 한 번씩 재정을 공개하는 것을 원칙으로 삼았다.

교인들에 따르면 성남시 분당에 위치한 휜돌교회의 경우, JMS 내부에서도 '교단의 상징적인 표본 교회'라고 불리는 곳이다. 다른 교회들의 본보기라는 설명이다. 그렇기에 재정 공개 역시 가장 투명하게 해야 한다. 하지만 휜돌교회는 지난 3년 동안 재정공개를 하고 있지 않다.

이에 대해 정 목사는 "우리 교회 예배에는 교인이 아닌 참석자가 절반 이상이다. 그런 분들에게 어떻게 보고를 하냐"며 "특히 오전 예배가 끝나면 바로 후에 2부 예배가 이어서 시작하기 때문에 예배가 끝나면 바로 나가는 구조다"라고 설명했다.

이어 "재정보고와 관련해서는 지도자 모임으로 대체했다"며 "특히 올해부터는 우리 교회의 자체 헌금 시스템인 ERP[7]에 보고를 올리고 있으며, 해

---

7. ERP : Enterprise Resource Planning 전사적 자원 관리의 약어, 기업이나 학교에서 인사, 물류, 재정

당 시스템에서는 본인이 헌금한 내용을 자세히 확인할 수 있다"고 말했다.

앞서 A씨는 정 목사 자신이 축적한 부동산 일부를 휜돌교회에 매매함으로써 이를 현금화하려는 동향이 포착된 바 있다고 주장했다.

A씨에 따르면 지난 2022년 8월 21일 정 목사가 주일예배 후 본당에서 24억에 달하는 자신의 건물을 "선생님(정명석)께서 우리에게 주신 선물이다"라며 "이 건물을 교회의 예비비로 구매하고자 하는 데 동의하냐"며 투표를 진행했다고 전했다. 투표 결과는 건물 구매를 동의하는 쪽으로 기울었다.

이에 건물을 넘기려 했으나 일부 교인들의 강한 반발로 인해 성사되진 못한 것으로 알려진다.

정 목사가 판매하고자 한 땅과 건물은 용인시 처인구 양지면 송주로 일대. 건물과 땅은 등기부 등본상 정대현과 정충신(본명 권병연)의 것으로 확인됐다.

이에 대해 정 목사는 "해당 부동산은 김대현과 권병연이 세 번에 걸쳐 법인 대출을 받고, 일부 교인들의 도움으로 구매한 것"이라며 "선생님(정

을 관리하는 시스템인데 정명석 출소 후 보안과 편의를 위해 전국교회 및 월명동수련원 출입시 그리고 교회재정을 ERP를 통해 일원화 하였다.

명석)이 나오셨을 때 편하게 쉴 수 있는 공간으로 만들어 드리려고 세운 집인데 이곳으로 오지 않고 월명동에만 있다 보니 이자만 내는 상황이었다"고 답했다.

재정담당 C씨는 이와 관련해 "해당 부동산을 판매하자고 주장하고 추진한 사람이 나다"라며 "사용은 안하고 이자만 내는 상황이 안타까웠으며, 인테리어도 굉장히 예쁘다 보니 남에게 팔기보다는 교회에서 사들이는 것이 좋겠다는 생각이 들었다"고 설명했다.

이에 대해 취재진이 '정명석 총재는 자신이 전혀 모르는 부동산이라고 주장한 바 있는데 사실인가'라고 묻자, 정 목사는 "그때는 선생님(정명석)이 메이플로부터 고소가 된 상태였다"며 "사소하게라도 돈까지 연루되면 절대 안되겠다는 생각이 들었다. 누군가 해당 부동산에 대해 물어보면 선생님은 절대 모른다고 답하시라고 당부해서 그러셨을 것"이라고 주장했다.

정 목사가 평소 즐겨 입는 옷과 차량 역시 구설에 오르고 있다.

세간에 포착된 정 목사 즐겨 입는 옷과 액세서리의 경우 1억 6,800만원에 달하는 '레이디 아펠 발레리나 앙샹떼 워치'나 9050만원에 달하는 '로만띠끄워치' 등 수백~수억원에 달하는 제품을 다수 보유한 것으로 알려진다. 고가의 외제차도 3대에 달한다는 제보가 이어졌다.

이와 관련해 정 목사는 "차량은 지금 BMW X5 1대다. 다른 한 대는 교회에 사업하시는 분이 빌려주신 벤츠를 말하는 것 같은데 그건 본인이 타고 다니는걸 잠깐 빌려줘서 교회에 2번 타고 온 것이 전부다"라며 "지금 타고 있는 차량 역시 매달 할부금 55만원을 아주 착실하게 내고 있는 상황"이라고 전했다.

JMS 자금 횡령 의혹은 미궁…
'정명석 오른팔' 정조은 구속영장 심사

2023.04.17

기독교복음선교회 (이하 JMS)의 정명석 오른팔로 불리는 정조은(본명 김지선)을 포함한 관계자 6명에 대한 구속영장 심사가 금일 진행될 예정이다. 다만, 정조은의 자금 세탁을 도왔다는 의혹이 제기된 JMS 방송국 이사 정충신(본명 권병연)은 압수수색조차 이루어지지 않은 것으로 확인됐다.

정조은은 17일 오후 2시30분 대전지법에서 준강간 방조 등 혐의에 대한 구속 전 피의자 심문을 받을 예정이다. 하지만 앞서 언급된 정조은의 교단 내 자금 횡령 및 차명 부동산 취득 의혹에 관한 수사 진행과 관련해서는 여전히 미지수다.

현재 JMS의 방송국인 '명작 스튜디오'의 사내 이사이자 국장을 맡은 정충신은 10년 이상 정조은의 운전기사로 근무한 바 있어 JMS 내에서는 정조은의 최측근으로 분류된다.

정충신은 명작 스튜디오를 통해 정조은이 JMS 교단으로부터 부정 취득한 자금 세탁에 가담했다는 의혹을 받고 있다.

한 제보자에 따르면 JMS 뮤직비디오 '감동을 드리고 싶어요'를 제작하는 과정에서 촬영비 명목으로 3억에 달하는 JMS 교단 돈이 명작 스튜디오로 흘러 들어간 것으로 전해진다. 사실상 신도들이 낸 헌금이 정충신과 정조은에게 돌아간 셈이다.

특히 충분한 예산이 있음에도 불구하고 명작 스튜디오 직원들에게는 30~50만원의 급여를 지급했다는 의혹도 제기된다. 금액 중 상당 부분은 정조은의 의상비 명목으로 사용된 것으로 알려진다.

또 다른 제보자는 "명작 방송국 대표들은 다 바지사장이다. 뒤에서 기획하고 돈을 먹는 것은 정조은과 정충신"이라며 "특히 작년부터 올해 초까지 6개월간 허접한 인테리어를 했는데 여기에 들어간 돈이 약 10억"이라고 폭로했다.

그러면서 "정조은의 최고의 조력자이자 가장 많은 수혜를 본 사람이 명작 방송국장인 정충신"이라며 "정충신이 아직까지 조명되지 않고 있어 의외라고 생각했다"고 덧붙였다.

또한 정조은은 지난해 자신이 목사로 있는 '주님의 흰돌교회'로 부동산을 팔아넘기려 시도했는데, 해당 부동산 역시 정충신 명의인 것으로 알려졌다.

당시 정조은은 자신의 친동생 정대현(본명 김대현)과 정충신 명의의 부동산을 교회에 직접 판매할 수 없었기에 또 다른 자신의 측근인 주충익(본명 오충익)목사를 통해 흰돌교회에 판매하려다가 일부 교인의 반발로 인해 무산됐다는 증언이 쏟아졌다.

또한, 취재과정에서 정조은과 정충신은 일부 교인에게 "정명석에게 전달해주겠다"라는 명목으로 한 교인에게 현금 5억을 수령했다는 의혹이 제기됐다.

관련 제보자는 "선생님(정명석)께 전해달라고 부탁하며 정충신에게 3억원, 정조은에게 2억원을 줬는데 그 돈이 결국 선생님께 가지 않은 것으로 안다"며 "헌금 전달을 부탁한 교인이 분당경찰서를 통해 고소한 것으로 안다"고 설명했다.

그러면서 "교주 정명석은 성 문제의 중심에 서 있고 2인자로 불리는 정조은은 돈 문제의 중심에 서 있는데 왜 정조은과 관련해서 사법당국이 교주의 성 문제만 조명하는 것인지 이해가되지 않는다"며 "정조은 범법행위의 핵심은 돈 문제"라고 꼬집었다.

이와 관련해 17일 대전지검 공보실 관계자는 〈투데이코리아〉와 통화에서 "자세한 수사 내용은 비공개이기 때문에 알려드릴 수 없다"라고 일축했다.

한편, 정조은 구속영장 심사와 관련해 JMS 교단 측은 이날 "재판이 진행 중인 다른 사건의 주요 증인들이 될 수 있는 사람들에 대해, 또한 직접적 혐의가 아닌 방조 혐의에 대해 구속영장을 청구하는 이와 같은 사례는 극히 찾아보기 어려운 일"이라며 "이것은 일관되게 선생님(정명석)의 무고함을 주장한 이들의 진술을 바꾸어 보겠다는 의도로 의심할 수 밖에 없다"고 공식 표명했다.

그러면서 "부당한 언론 보도에 그때그때 대응하지 않거나 그렇게 할 수 없는 이유는 크게 두 가지"라며 "사전 대응의 경우는 언론의 특성상 의혹 제기에 필요한 단서를 수집하기 위해 취재, 질문, 인터뷰를 하기때문에 어떤 답을 해도 그들의 의혹을 완성하는데 이용될 수 있기 때문"이라고 덧붙였다.

JMS 정조은·권병연이 구입한 차명부동산, 다단계 사업으로 '소득증빙' 의혹

2023.05.22

 기독교복음선교회(JMS) 정명석 성범죄에 가담한 혐의로 재판에 넘겨진 정조은(본명 김지선)과 측근들로 분류되는 정충신(본명 권병연) 등이 수십억에 달하는 차명부동산을 구입하는 과정에서 '건강보조제 다단계 사업을 통해 소득을 증빙했다'는 의혹이 제기됐다

 제보자는 "JMS 목사 정충신과 김대현(정조은 친동생)이 50억 원에 달하는 부동산을 취득하는 과정에서 다단계 사업을 소득 증빙 서류의 수단으로 사용했을 수 있다"고 이같이 주장했다.

 〈투데이코리아〉 취재를 종합하면 정조은은 자신의 측근들과 가족의 이름을 빌려 취득한 부동산을 구입하는 과정에서 출처가 불분명한 개인(신도)헌금, 설교 순회헌금 등을 사용하기 위해 정조은의 측근들이 소득 증빙을 위한 수단 중 하나로 다단계 회사인 '굿모닝월드'를 이용했다는 주장이 나왔다.

정조은과 정충신 등이 판매자 자격 회원으로 가입된 굿모닝월드는 실크 단백질 산가수분해물 등이 첨가됐다고 홍보한 '실큐 아미노산'이라는 제품을 판매하고 있다.

정조은의 경우, 지난 2016년 8월 1일 굿모닝월드 회원가입하고 현재까지 자격을 유지하고 있다. 정충신은 2016년 7월 25일 회원가입 후 현재까지 유지하고 있다.

지난 2017년 8월 정부는 부동산 투기를 막기 위해 '주택자금 조달계획서' 제도를 도입했다. 이는 부동산 취득시에 자금출처에 대해 소명해야 한다는 제도다. 특히 현금의 경우 소득금액증명원과 근로소득원천징수영수증 등 소득증빙서류를 제출해야 한다.

정조은과 측근이 구매한 것으로 드러난 부동산은 땅 10개 필지와 건물 4동이다. 땅 1개 필지와 건물 1개 동을 제외하면 모두 '주택자금 조달계획서' 제도 시행 이후이며, 자금출처에 대한 소명이 필요하다.

제보자에 따르면 "굿모닝월드는 자신이 가입시킨 회원이 제품을 구매하면 수입이 발생하는 구조"라며 "정조은과 정충신이 가입시켜 밑으로 둔 회원 중 누군가가 제품을 구매하고 있다면 현재도 수입이 발생할 것"이라고 말했다.

또 "JMS 안에서 다단계 영업이 엄격히 금지되고 있는데 아직도 아이디가 남아있는 것을 보면 충격이다"라며 "JMS 교단 내 방송국인 '팜TV'(PalmTV)1) 설교 영상에서도 여러 차례 다단계를 하지 말라 공지해놓고, 정조은 목사가 하는 전형적인 내로남불"이라고 덧붙였다.

의혹 당사자인 정충신은 〈투데이코리아〉와 인터뷰에서 "모든 제보는 악의성 공격성 거짓이며, 다단계와 관련된 것은 네트워크 마케팅을 통해서 제품을 유통하니 정회원으로 싸게 제품을 구매하기 위해 그 라인에 등록이 되어있는 것이다. 만일 다단계로 수익이 발생했다면 제품구매 후 적립된 적립금 형태"라고 반론했다.

이어 "부끄럽지만, JMS 내에서 많은 분쟁이 있는데, 그런 과정에서 서로를 헐뜯다 보니 뜬소문들이 난무하는 실정이다. 그런 상황에 저 또한 자유로울 수 없었다, 불법적인 정황이 있다면 사법부가 판단할 부분"이라며 의혹을 부인했다.

또 "일부 조각난 사실로 지어낸 소문이 기사화된다면 누군가는 억울한 상황"이라며 "저는 늘 옳은 길을 행해왔습니다. 앞으로도 그럴 것"이라고 말했다.

정충신의 최근 반론은 지난 12일 본지에 답변한 내용과 다르다. 당시 정충신은 다단계 사업 등 의혹에 대해 '모두 사실무근'이라며 선을 그었다. 이후 굿모닝월드에 회원으로 등록된 사실을 파악한 뒤 지난 18일 재차 질문하자 "제품을 먹기 위해 회원 등록한 것"이라며 입장을 바꿨다.

지난 2017년부터 2019년까지 수십억에 달하는 부동산을 축적했다는 의혹을 받는 정조은은 교인 일부가 모인 회의에서 부동산 의혹과 관련해 "(주북리 일대의 건물)명의는 정충신 목사와 친동생으로 했다. 이유는 정말 믿을 수 있었고 마음을 모아준 사람들의 모든 동의를 얻었기 때문에 이렇게 진행했다"라고 말했다.

이어 또 다른 땅인 라센트라 별장에 대해서는 "여기는 개인의 명의로 살 수가 없어요. 개인사업자가 필요합니다. 정말 비밀로 해야 했기 때문에 동생이 사업자가 있는 것으로 알고 동생 거를 빌리기로 했어요. 동생 이름을"이라고 말한 것이 2022년 11월 9일 진행된 회의 녹취록에서 확인된다.

이는 정조은 스스로 '부동산 실권리자 명의 등기에 관한 법률 제1조'를 어겼다고 시인했다고 볼 수 있다. 해당 법리에는 "부동산에 관한 소유권과 그 밖의 물권을 실체적 권리관계와 일치하도록 실권리자 명의로 등기하게 함으로써 부동산등기제도를 악용한 투기·탈세·탈법행위 등 반사회적 행위를 방지하기 위한 것"이라고 명시돼있다.

법조계 관계자는 "해당 법을 어기는 경우, 부동산 가액의 100분의 30에 해당하는 금액의 범위에서 과징금을 부과한다"며 "이는 명의를 빌린 사람도, 빌려준 사람에게도 동일하게 적용된다"고 설명했다.

실제로 정조은은 지난 2월 21일 신도 강모 씨 등의 JMS 신도로부터 '부동산 실권리자 명의 등기에 관한 법률 위반'으로 고소당한 것으로 확인됐다.

김시온 기자의 시선
'정조은의 돈' 취재기

"피고인의 자산 상태는, 종교 집단 내 선교 활동을 통해 벌어들일 것으로 보이는 통상적인 수익으로는 불가능한 정도에 이르는 것으로 보입니다. 그러한 경제적 이익은 피고인이 선교회 활동 외에 다른 경제적 활동을 하지 않았다는 점에서, 청구인의 이른바 2인자 지위에서 비롯된 것으로 판단됩니다" 2023년 10월 20일 대전지방법원에서 진행된 정조은의 1심 선고에서 재판부는 이같이 판시했다.

정조은은 JMS 내부에서 끊임없는 '돈' 이슈에 연루돼왔다. '용인시 처인구 양지면 주북리 땅' 이슈가 대표적이며, 그녀의 몸을 두른 각종 고가의 명품 계열 의류와 가방 그리고 외제차 등도 꾸준히 구설에 올랐다. 정 씨는 이와 관련해 지난 3월 20일 대면 인터뷰에서 "개인적인 목적으로 구매한 것들이 아니다. 자세한 내용은 교단과 관련된 사안이 포함됐기 때문에 말하기 어렵다"라며 답변을 회피하는 모습을 보였다.

다수의 JMS 전·현 핵심 관계자들은 그녀의 자산이 최소 수십억에서 최대 수백억에 달할 것이라고 분석하고 있다. 하지만 JMS 내에서 그녀의 공식적인 월급은 900만 원에 불과하다. 그렇다면 정조은은 어떤 방법으로 이런 막대한 부를 손에 쥐게 됐을까? 정조은의 돈에 관한 이야기가 나오면

빠지지 않고 등장하는 인물이 있다. 바로 정 씨의 최측근으로 분류되는 운전비서 K 모씨다. 그는 10년 이상 정조은의 운전비서로 근무했으며, 시간이 흐른 뒤 JMS의 방송국 중 하나인 명작 스튜디오의 사내이사 겸 국장을 맡기도 했다. 그가 정조은 자산 축적에 도움을 준 것이 아니냐는 의혹이 제기돼 왔다.

K 모씨가 이런 의혹을 받는 데는 여러 가지 이유가 있다. 우선 정조은이 흰돌교회 교인들에게 처분하려던 용인시 처인구 양지면 송주로 일대 부동산이 K 모씨 명의라는 점이다. 이에 정조은의 부동산에 K 모씨가 연루된 것 아니냐는 목소리가 나왔다. 이 외에도 K 모씨가 지난 2016년 7월 25일 가입한 다단계 회사에 정조은도 2016년 8월 1일 가입했으며, 이들이 일부 회원들에게 제품을 판매하거나 홍보했다는 점 등에서도 두 사람 사이의 금전적인 커넥션이 있다는 추측이 나오는 것이다.

정조은의 자산 축적에 도움을 준 사람은 K 모씨뿐일까? 복수의 JMS 관계자들은 정조은과 일가가 전부터 JMS 회원에게 여러 가지 명목으로 '개인 헌금'을 받아왔다고 주장하고 있다. 이렇게 전달된 돈은 적게는 수억, 많게는 수십억에 달할 것으로 알려진다. 이 과정에서 큰 액수의 돈은 대부분 정 씨의 수행비서 등을 통해 현금으로 전달된 것으로 파악된다. 즉 정조은이 이 같은 부를 축적한 것은 K 모씨와 그녀의 수행비서 등의 조력이 있던 것으로 볼 수 있다.

정조은과 관련한 취재를 진행하며 들었던 생각은 "정조은이 정당한 죗값을 받기 위해서는 반드시 금전적인 부분이 드러나야만 한다"였다. 비단 정조은 만의 문제가 아니다. 정명석의 형제들도 오랜 시간 동안 신도들의 고혈을 빨아온 수뇌부에 대한 금전적인 부분의 조사가 반드시 이뤄져야 할 것이다.

강용성(가명) 탈퇴자의 생생증언
탈퇴자 입장에서 바라본
'정조은의 돈'

정조은(본명 김지선)의 궁극적인 목적은, 결국 돈!

정명석이 1999년부터 해외도피를 다니다 범죄인 인도조약에 따라 중국에서 한국으로 송환되어 2009년 징역 10년을 선고받고 만기 출소 하기까지 약 20년 만에 공식적으로 교단에 복귀했다. 2018년 6월부터 다수 세력 간의 권력 다툼이 있던 중 명작 스튜디오(palmTV), JMS 방송국 이권을 놓고 서로 차지하기 위해 알력싸움을 한다는 소문이 파다했다. 필자의 지인도 그중 한자리를 놓고 다투는 것을 지켜보았다. JMS 교단에는 이미 'CTN'이라는 방송국이 있는데 중복된 업무를 하는 또 하나의 조직이 새롭게 만들어지는 것을 보면서 뭔가 뜻이 있겠지 생각했었다.

하지만 2022년 피해자 기자회견과 고소 이후 정명석 재판과 관련하여 수뇌부 의혹을 추적하던 중 파악한 내용은 충격적이었다. 바로 명작 스튜디오(palmTV)를 통한 자금 세탁과 횡령 의혹을 포착한 것이다. 이곳은 후원 성격의 헌금과 별도의 CMS(자동이체)를 가입시켜 매달 전국 신도들로부터 돈을 걷었고, 해외 회원들 또한 별도의 송금을 매달 받았다.

JMS 핵심 관계자에 따르면, 정명석 생일을 기리는 1년 중 가장 중요한 행사가 316 행사이다. 2022년 당시 정조은 의상이 오케스트라 의상 컬러와 겹친다며 비용이 많이 들어도 좋으니 CG(컴퓨터그래픽)로 오케스트라 의상 컬러를 바꾸라는 명작 스튜디오 국장인 K 모씨의 지시를 듣게 된다. 아주 단적인 사례라 할 수 있다.

같은 해 봄 정명석이 성폭행으로 고소를 당한 일촉즉발의 상황임에도 정조은 "뮤직비디오를 저렴하게 촬영했다"며 자랑을 늘어놓았다. 4억 5천이라는 상당한 비용이 들었음에도 "세상에서 뮤직비디오를 촬영해도 이것보다 비용이 몇 배나 드는데 나는 아주 저렴하게 촬영했다'라고 말하는 그녀였다. 실태를 고발한 관계자의 따르면 출연료 지출이 없었고 장비와 인력은 명작 스튜디오를 사용했기에 뮤직비디오 제작에 고가의 비용이 지출되는 것이 의아하다고 말했다.

또 가을에는 정명석 법률 비용이 부족하다는 말이 나오는 어려운 상황임에도 정조은 최측근 K 모씨는 명작 스튜디오 인테리어 공사를 10억을 들여 강행했다. 이 내용을 추적해 보니 K 모씨 지인으로 알려진 A 씨를 시켜서 공사를 발주했는데 전기공사 경력이 없는 소규모 업체로 10억 원 발주를 맡을 회사로 보기 어려웠다. 10억이란 금액에 맞지 않는 작은 규모 공간도 더욱 의혹을 증폭시켰다. 비용 중 절반이 전기 공사 관련이었고 이에 대한 업계 전문가 2명의 조언을 구하니 "비용이 말도 안 되게 부풀렸을 가

4장 정조은의 돈　85

능성이 있다"라고 평가했다.

또 인테리어 공사를 진행하면서 법인계좌에서 현금으로 찾아 쓴 경비만 대략 9천만 원 가까이 되는데 이것도 객관적 증빙이 안 되는 출처가 불분명한 비용이었다. 명작 스튜디오를 통한 자금 세탁 시도를 했다는 의혹 제기를 그 누구도 합리적인 의심이라고 동의할 것이라 생각했다.

아울러 명작 스튜디오는 항상 운영비가 부족하다는 이유로 해외(일본과 대만 등) 사업가 모임에서 매달 정기적으로 6천만 원 정도 지원을 받았는데 이 후원금을 법인계좌로 입금하지 않고 K 모씨의 개인 대여금 명목으로 사용한 정황이 포착했다.

K 모씨는 정조은 운전 비서를 하며 고정적 직업이 없는 상태에서 정조은의 뒷배경으로 명작 스튜디오 방송국장 자리에 올랐고 용인시에 위치한 정조은 자택 명의가 K 모씨로 되어있는 등 다양한 정황으로 볼 때 경제 공동체 생활을 하고 있다는 의구심이 들었다.

정조은이 사치한 고가의 명품 계열 의류와 액세서리 그리고 외제차 등을 목격한 사람에 따르면 이 정도 소비 생활을 유지하려면 최소한 100~300억 이상의 자산이 있어야 가능한 수준이라고 평가했다.

실제로 기사에 나온 내용들은 2022년 여름부터 논란 중심에 있던 내용인데 3개월이 지난 시점에도 명확한 해명을 못해서 결국 모든 신도들이 알게 되는 사건으로 커졌고 그 사이 정명석이 "나는 모르는 일이다"라고 말한 육성파일이 나오면서 일파만파 퍼지게 되었다.

그러다 정조은이 40억 규모로 추정되는 토지와 건물을 소유한 사실이 드러났는데 교단 수뇌부들은 혹여나 정명석 재판에 부정적 영향을 끼칠까봐 모두 쉬쉬하는 분위기로 만들어갔다. 정조은 그녀의 목적은 아주 분명해 보였다. 1순위 돈 그리고 2순위는 돈을 상납할 자들에 대한 세력을 유지하는 것 이 두 가지 말이다.

5

구속된 정조은, 그리고 그 후

결국 정조은이 법의 심판대 앞에 서게 됐다.

그녀가 구속됐지만, 아직 세간에 남은 의구심들은 여전한 상황이다.
〈투데이코리아〉 취재진은 그녀의 구속 이후 첫 재판부터 선고까지 취재했다.

〈편집자 주〉

JMS 2인자 김지선,
명예훼손 혐의로 검찰 송치

2023.07.13

　기독교복음선교회(이하 JMS)의 정명석 교주 성 비리 사건 공범으로 재판을 받고 있는 정조은(본명 김지선)이 또 다른 사건에 연루되면서 명예훼손 혐의로 검찰 송치됐다.

　13일 〈투데이코리아〉의 취재를 종합하면, 경기분당경찰서는 이달 6일 김 씨를 명예훼손 혐의로 수원지방검찰청 성남지청에 불구속 송치했다.

　앞서 김 씨는 지난해 11월 9일 경기 성남시 흰돌교회에서 열린 '부동산 횡령 의혹 해명 자리'에서 500명의 회원을 상대로 "부동산 횡령 등의 문건이 거짓이라고 A씨가 나에게 자백했다"라는 등의 허위사실을 유포한 혐의를 받아왔다. 이후 해당 사실을 알게 된 A씨는 지난 4월 김 씨를 고소하며, 사건은 경찰로 넘어갔다.

　경찰은 A씨에게 "명예훼손 사건 피의자 조사 및 자료검토, 참고인 조사 등의 수사를 진행한 결과 범죄혐의가 인정된다고 판단해 수원지방검찰청 성남지청에 송치(불구속) 하였기에 통지드린다"라고 밝혔다.

  이와 관련해 A씨는 "김지선은 과거부터 수많은 거짓말을 능수능란하게 해왔다. 이번 고소를 통해 그중 일부가 여실히 드러나게 됐다"라며 "이번을 계기로 김지선이 지금껏 해온 거짓말들이 모두 수면 위로 떠 오르길 바란다"라고 강조했다.

JMS 정조은 변호인에
YTN 라디오 고정 출연 변호사 포함

2023.05.17

　기독교복음선교회(이하 JMS)의 2인자로 불리는 정조은(본명 김지선)이 법무법인법승과 법률사무소 이평의 변호인을 선임한 것으로 확인됐다.

　특히 정 씨 측이 선임한 법무법인 법승의 변호사는 현재 YTN 라디오의 모 프로그램을 출연 중인 것으로 드러났다. 정 씨의 변호인 명단에는 총 7명의 변호사가 이름을 올렸다. 이 중 6명은 법무법인 법승 소속의 변호사며 나머지 한 명은 법률사무소 이평 소속이다.

　대전지법 설승원 영장전담판사는 지난달 18일 김 씨를 정명석 총재의 여신도 성폭행 사건 공범으로 지목하며 준유사강간 혐의로 정 씨에게 구속영장을 발부했다. 정 씨의 첫 공판일은 다음 달 9일 오전 10시로 예정돼 있다.

　17일 정 씨의 사건을 담당한 법승 사무소 관계자는 〈투데이코리아〉와 통화에서 "정 씨의 사건과 관련해서 답변할 수 있는 내용이 현재로서는 없다. 앞으로 답변할 내용이 생긴다면 연락하겠다"고 밝혔다.

법률사무소 이평 관계자 역시 "변호사법 27조에 따르면 소송과 관련된 내용을 이야기할 수 없다. 비밀을 유지해야 한다"고 답했다.

한편, 지난 16일 정 씨 측은 이번 사건의 송달영수인을 법무법인 SC로 선정하겠다는 신고서를 제출한 것으로 파악된다.

법무법인 SC가 정 씨의 변호인으로 들어올 가능 여부에 대한 취재진의 질문에 SC 측은 "답변드리기 어렵다"고 일축했다.

이에 대해 한 법조계 관계자는 "법무법인 SC를 송달영수인으로 선정신고서를 제출했다는 것은 SC가 사건과 관련해 변호인으로 들어갈 수도 있다는 추정은 되지만 아직은 확정된 사실이 아니므로 섣부른 판단은 어렵다"고 말했다.

또 "이렇듯 여러 변호사가 변호인으로 선임되는 경우 실제 움직이는 변호사는 선임계를 내지 않고 뒤에서 법적인 부분만 준비하는 경우도 있다"며 "만약 이 부분에 해당 된다면 접견 변호사를 따로 뒀다는 것이므로 많은 비용이 들 수 있다"고 말했다.

정조은 변호인 "사건내용 제대로 몰라" 언론 보도 직후 사임

2023.05.17

　JMS 정명석의 성범죄에 가담한 혐의로 구속 기소돼 재판에 넘겨진 정조은(본명 김지선)의 변호를 맡은 법무법인 법승이 17일 본지 보도 직후 법원에 사임신고서를 제출한 것으로 확인됐다.

　대전지법 설승원 영장전담판사는 지난달 18일 정 씨를 정명석 총재의 여신도 성폭행 사건 공범으로 지목하며 준유사강간 혐의로 구속영장을 발부했다. 정 씨의 첫 공판일은 다음 달 9일 오전 10시로 예정돼 있다.

　17일〈투데이코리아〉는 정 씨가 법무법인 법승의 변호사 6인과 법률사무소 이평 소속의 변호사 1명을 변호인으로 선임했다는 내용을 보도했다. 이중 YTN 라디오 모 프로그램에 출연 중인 법승 측 변호사를 언급했다.

　이날 YTN 라디오 관계자는 "해당 출연자가 정조은에게 직접 법률적 조력을 한 바 없고, 법무법인 법승이 사임신고서를 제출한 사실을 확인했다고 알려왔다"며 "실제로 사임계 제출한 것까지 확인했다"고 전했다.

법승 측은 취재진과의 통화에서 "해당 사건에 대해 명확한 내용을 파악하지 못한 채 다른 지역의 사무소를 통해 수임이 진행된 것"이라며 "변호인으로 선임된 이후 정조은씨에게 법률적 조력을 전혀 제공한 바 없고, 보도를 확인한 직후 변호인 사임신고서를 법원에 제출한 상태로, 현재는 정조은씨의 변호인이 아니다"라며 선을 그었다.

이와 관련해 한 법조계 관계자는 "변호사가 본인 이름이 올라간 사건의 내용을 몰랐다는 것은 말이 되지 않는다"라며 "만약 모른 채 이름을 올렸다면 그것 역시 문제의 소지가 있어 보인다"고 꼬집었다.

JMS 2인자 정조은,
첫 공판 전날 새 변호사 선임

2023.06.08

　기독교복음선교회(이하 JMS)의 교주 정명석의 성 비리 사건과 관련해 공범으로 지목되며 준유사강간 혐의를 받는 정조은(본명 김지선)이 공판을 앞두고 변호인을 새롭게 선임했다.

　김 씨는 9일 오전 10시에 진행될 첫 공판을 앞두고 오늘(8일) 로스쿨 출신의 김엄연(52·변호사시험 7회) 변호사를 선임했다.

　이번에 김 씨의 변호인으로 선임된 김 변호사는 현재 부산 지역에서 활동 중이다. 공판과 관련해 김 변호사 사무실에 여러 차례 전화했으나, 답변을 받을 수 없었다.

　앞서 김 씨는 지난 4월 17일 대전지법에서 준강간 방조 등 혐의에 대한 구속 전 피의자 심문 후 다음 날 새벽 구속됐다.

　대전지법 설승원 영장 전담 부장판사는 김 씨의 구속영장을 발부 이유에 대해 "증거 인멸과 도망의 염려가 있다"고 설명했다. 이에 전날 법정에 출석한 뒤 대전교도소 구치소에서 법원 판단을 기다리던 김 씨는 구속 상태로 검찰 조사를 받게 됐다. 김 씨는 구속 이후에도 편지 등을 통해 자신의 결백을 주장해 왔다.

지난달 〈투데이코리아〉가 단독 입수한 편지에 따르면 김 씨는 "상황과 환경은 그 어느때보다 열악하고 최악이지만, 저는 이때! 잃는 자가 아닌 얻는 자가 될 것입니다. 저의 결백을 입증해야 하기에 힘든 싸움이 될 것입니다"라며 자신의 결백을 주장했다. 이와 관련해 9일 진행될 공판에서도 김 씨가 본인의 혐의를 부인하고 결백을 주장할 지에 대해 귀추가 주목된다.

한편, 김 씨의 준유사강간 혐의 등 사건을 맡은 법무법인 법승의 소속 변호인 6명이 지난달 17일 대거 사임 신고서를 낸 데 이어 법무법인 지원피앤피도 1명만 남기고 담당 변호인 지정 철회서를 낸 바 있다.

당시 법승 측은 취재진과의 통화에서 "해당 사건에 대해 명확한 내용을 파악하지 못한 채 다른 지역의 사무소를 통해 수임이 진행된 것"이라며 "변호인으로 선임된 이후 김지선 씨에게 법률적 조력을 전혀 제공한 바 없고, 보도를 확인한 직후 변호인 사임신고서를 법원에 제출한 상태로, 현재는 김지선 씨의 변호인이 아니다"라며 선을 그었다.

JMS 정조은, 옥중 편지서 결백 주장…
'정명석 피해자보다 반려묘 줄리 걱정'

2023.05.15

기독교복음선교회(JMS) 정명석 총재의 성폭행 등 범죄에 가담한 혐의로 재판에 넘겨진 JMS 2인자 정조은(본명 김지선)이 대전교도소 구치소에서 JMS 교회 관계자에게 자필 편지를 보냈다. 편지에는 "저의 결백을 입증해야 하기에 힘든 싸움이 될 것"이라며 혐의를 부인하는 내용이 담겼다.

〈투데이코리아〉가 입수한 정 씨의 편지에 따르면 '삼시세끼를 챙겨 먹으며 잘 지내고 있다'는 내용과 함께 자신은 억울하다며 "앞으로 진행될 재판도 열심히 임하려 한다. 저의 결백을 입증해야 하고 내가 살아온 삶을 보여줘야 하기에 조금은 힘든 싸움이 될 것"이라고 이같이 주장했다.

또 그는 "상황과 환경은 그 어느때보다 열악하고 최악이지만, 저는 이때! 잃는 자가 아닌 얻는 자가 될 것입니다"라며 "생각이 많고 복잡했는데요, 그 이유는 내가 처한 상황 때문이 아니라, '내가 그토록 완전하게 믿는 여호와 하나님'에 대해 다시 생각하면서, 예수님이 막혀 있는 느낌 때문에 생각이 복잡하고 마음이 어지러웠어요!"라고 고백했다.

지난달 18일 대전지법 설승원 영장전담판사는 정 씨를 정명석 총재의 여신도 성폭행 사건 공범으로 지목하며 준유사강간 혐의로 구속영장을 발부했다. 이에 따라 정 씨는 현재 대전교도소 구치소에서 재판을 기다리는 가운데, 자신이 운영한 '주님의 흰돌교회' 부교역자와 가족 등에게 편지를 보냈다.

정 씨는 편지에서 자신이 기르던 고양이를 언급하면서 "줄리(고양이 이름)는 어디에서 지내요? 잘 있어요?"라며 "줄리는 고양이는 안 좋아하고 사람을 좋아하고 애교가 있다. 혼자서 예쁨 받는 것을 좋아한다. 너무 궁금하다"라고 물었다.

정 씨는 또 자신의 본명을 지칭하며 "지선이는 어떻게 지내냐고요? 4월 20일 목요일에 총 다섯 명이 머무는 작은 방으로 옮겼다. 지선이가 제일 나이가 많다. 세 살 아래 동생이 방의 질서를 다 잡아둬서 아주 편하다. 동생의 아버지는 군인인데 별 하나까지 달고 전역하셨다"라며 구치소 생활에 대해 설명했다.

그러면서 "메뉴와 맛의 한계는 있지만 매일 삼시세끼를 규칙적으로 먹고 있다. 또 같이 있는 사람들이 과자를 엄청나게 좋아하는 덕에 군것질도

자주 한다"고 말했다.

정 씨가 지난 7일 작성한 옥중 편지는 부교역자(목사)를 통해 JMS 일부 신도들에게 전달됐다. 특히, 주님의 흰돌교회 소속인 이른바 '가정국' 회원 중 정 씨에게 우호적인 신도들이 받아본 것으로 전해진다. 가정국은 JMS 교단 내에서 결혼해 가정을 꾸린 이들을 지칭하며, 정 씨에게 우호적인 가정국 신도는 총 20쌍 정도로 알려졌다.

편지 내용을 본 제보자는 "자신이 키우는 고양이에 대해 안부를 물으면서 정작 자신이 정명석에게 연결한 성 피해자들에 대해서는 무관하다고 외면하는 모습이 악마 같다"며 "반성할 기미 없이 삼시세끼를 잘 먹는다고 자랑하는 것을 보고 있자니 피가 거꾸로 솟는다"라고 강하게 비판했다.

또 다른 제보자 역시 "정조은은 평소 유기견이나 유기묘를 보면 그냥 지나치지 못하고 본인을 보필하는 비서 등을 시켜 교회로 데려오고는 했다"라며 "데려온 강아지나 고양이를 교인들에게 분양하는 경우도 종종 있었다"라고 전했다.

이어 "그런 모습을 보고 굉장히 마음이 따뜻한 사람인 줄 알았는데 지금 보니 사람을 동물보다 못한 존재로 여기는 것 같다"라며 "본인으로 인해 상처받은 피해자에 대해서는 거들떠보지도 않고 고양이 걱정만 하는 모습이 가관"이라고 꼬집었다.

한편, 정 씨는 지난 3월 20일 〈투데이코리아〉와의 인터뷰 당시에도 "나는 이번에 기소된 아이들과 접점이 전혀 없다"며 정명석의 성범죄와 무관하다는 입장을 밝혔다.

"영치금 감사해요 ㅎㅎ" 옥중편지 쓴 JMS 정조은… 출소 후 독립 가능성

2023.05.15

기독교복음선교회(JMS) 정명석 총재의 성폭행 등 범죄에 가담한 혐의로 재판에 넘겨진 JMS 2인자 정조은(본명 김지선)이 구치소에서 옥중 편지를 보내 교회 관계자를 관리한 정황이 드러났다. 이를 두고 '10년간 수감생활 당시 정명석의 모습'과 비슷하다는 해석이 나온다.

〈투데이코리아〉가 입수한 정 씨의 옥중 편지에 따르면 '주님의 흰돌교회'에 부교역자를 거론하며 "00 목사님 책 감사해요! 모두 정말 좋아요. 진짜 최고!! 또 부탁해요"라고 말했다. 특히, 편지 말미에 "영치금 감사해요 (네~아주 유용합니다 ㅎㅎ) 00 목사님 말씀 감사해요. 정리짱!!"이라고 언급했다.

지난달 18일 대전지법 설승원 영장전담판사는 정 씨를 JMS 정명석 총재의 여신도 성폭행 사건 공범으로 지목하며 준유사강간 혐의로 구속영장을 발부했다. 이에 정 씨는 현재 대전교도소 구치소에서 재판을 기다리는 가운데, 지난 7일 이같은 내용의 편지를 '주님의 흰돌교회' 부교역자 등 9명에게 발송한 것으로 드러났다.

특히, 정 씨는 편지에서 주충익(본명 오충익)목사, 정충신(본명 권병연) 등을 포함해 7명의 이름을 거론하며 "편지 잘 받았다. 5월 3일부터 밀린 편지가 한꺼번에 들어왔다. 또 편지 달라"고 전했다.

편지에 언급된 주 목사는 정 씨와 함께 '주님의 흰돌교회'를 이끌어 왔으며, 신도들에게 'JMS로부터 독립해 새로운 교회를 개척하자'고 주장한 바 있다.

제보자에 따르면 주 목사는 JMS 일부 신도들에게 "지금은 내가 사람을 만나고 다니는 것이 목회다. 정조은 목사가 나오는데 1년 정도 걸릴 것으로 예상되는데 조금만 기다렸다가 정조은 목사가 출소하면 새로운 교회를 세우는 것이 어떻냐?"고 설득했다고 한다.

정 씨가 출소하기까지 오래 걸리지 않을 테니 잠시 기다린 후 새로운 교회를 세워 독립하자는 의미다. 또 다른 제보자는 편지에 언급된 정충신이 정 씨와 함께 자금 세탁에 가담했다고 주장했다. 정충신은 현재 JMS의 방송국 인 '명작 스튜디오'의 국장이자, 10여 년간 정 씨의 운전기사를 한 최측근으로 분류된다.

제보자는 "편지에 언급된 정충신은 다단계를 비롯해 공사비용 부풀리기, 불법적인 기업 가수금, 일본에서 송금된 엔화 횡령 등을 통해 김 씨의 자금세탁을 도맡아 수행한 사람"이라며 "정충신도 반드시 죗값을 치러야 하는 사람"이라고 강하게 비판했다. 또한, 정 씨가 측근들에게 옥중 편지를 보내 지시하는 모습을 보고 '정명석과 흡사하다'고 해석했다.

지난 3월 21일 대전구치소에서 정명석이 정 씨에게 보낸 편지에 따르면 "말로나 서로 글로나 분쟁하는 자들은 다른 교회로 전입을 시킬 수밖에 없다"라며 "모두 엄히 지키고 이 편지도 이리저리 자기 주관대로 해석하고 말하지 말아라"라고 지시했다. 옥중에 있는 정명석도 교단의 핵심 관계자를 비롯한 신도들에게 옥중 편지를 통해 지시를 내린 것이다.

제보자는 "정조은이 현재 보이는 모습은 정명석이 지난 2009년부터 2018년까지 수감 당시 보인 모습과 매우 유사하다"라며 "정명석이 옥중에서 교단과 자신의 측근을 편지로 관리한 것을 정조은이 보고 배운 것 같다는 생각이 든다"라고 말했다.

김시온 기자의 시선
'구속된 정조은, 그리고 그 후' 취재기

    2023년 10월 20일 대전지방법원 형사 12부(나상훈 부장판사)는 준유사강간 혐의로 구속기소 된 정조은에게 징역 7년의 중형을 선고했다. 재판부는 이날 재판에서 "정명석이 여성 신도들을 상대로 저지르는 성폭행 범행을 이른바 '주님의 구원' 등으로 설명하며 비유하는 등 정명석의 성범죄를 막기보다는 외부에 발설되는 것을 막는데 급급했던 것에 불과한 것으로 보인다"라고 판시했다.

    군가는 정조은에게 선고된 7년이라는 형량이 너무 적게 느껴질 것이며, 또 누군가는 과한 처사라는 생각이 들 수도 있다. 나 역시 현장에서 정조은에게 내려진 선고를 지켜보고 있자니 만감이 교차했다.

    다만 객관적인 시선으로 보면 정명석의 첫 선고 당시 징역 10년을 받았다는 점을 감안하면 그리 나쁜 결과는 아니라고 생각한다. 특히 재판부에서 정 씨의 재산과 관련된 부분이 문제가 있다는 취지를 언급했다는 부분과 그리고 정명석과 정조은 관련된 추가적 범행 등이 아직 경찰에서 내사 중이라는 점을 생각해 본다면 그녀가 10년 내 감옥에서 나오는 것은 어려울 것이라는 생각이 든다.

그럼에도 불구하고 염려되는 것은 바로 정조은의 출소 이후 JMS 독립 가능성이다. 비단 정 씨만의 문제가 아니다.

현재 JMS는 정명석 재판으로 결집하고 단합된 모습을 보인다. 하지만 정명석에게 또다시 중형이 선고된다면 과연 JMS 신도들은 어떻게 될지 고민해 봤다. JMS에서 빠져나오는 인원도 많을 것이며, 그곳에 잔존하는 이들도 있을 것이다. 특히 이 중에는 독립하며 이른바 '제3 섭리'를 만드는 이도 있을 것으로 전망된다.

실제로 교주 정명석이 지난 10년 형을 선고받았을 때 역시 많은 세력이 독립해 제3 섭리를 세운 바 있다. 이렇게 되면 JMS의 교리를 가진 또 다른 사이비가 우후죽순 생겨나는 것이다. JMS에서 주장하는 타락론은 얼마든지 또 다른 성 피해자를 만들어 낼 수 있다는 점 그리고 JMS의 건축헌금을 비롯한 여러 시스템은 신도들의 고혈을 짜내기 충분했다는 점에서 염려가 된다.

탈퇴자들 역시 걱정되는 상황이다. 이단 사이비에 빠진 이들이 그곳에서 나와 사회에 적응하지 못하고 또다시 새로운 이단 사이비로 빠져드는 것이 부지기수이다. 현재도 JMS를 탈퇴한 상당수가 신천지와 통일교 등으로 유입되고 있다. 그렇기에 교회와 사회에 부탁하고 싶다.

이단 사이비를 부수고 그 안에 빠진 이들을 꺼내오는 것도 중요하지만, 이단 사이비의 붕괴는 끝이 아닌 새로운 시작이라는 것을 그리고 나온 이들에 대한 회복과 치유가 그들을 꺼내고 이단 사이비를 무너뜨리는 일보다 더욱 중요하다는 사실을 말이다.

임지아(가명) 탈퇴자의 생생증언
탈퇴자 입장에서 바라본
'구속된 정조은, 그리고 그 후'

JMS에서 성령의 상징체, 천만인의 어미 등으로 추앙 받으며 권력과 부를 누리던 정조은의 모습은 장소만 바뀌었을 뿐 감옥에서도 지속되는 것 같다.

검찰조사와 법정구속에도 반성은커녕 "로펌을 선임해 돈과 전관예우면 이길 수 있다"는 뻔뻔함에 놀랐고, 옥중에서 추종자들과 향후 종교사업을 구상하는 당돌함에 치를 떨었다. 자신의 반려동물은 챙기면서 피해자에 대한 사과는 하지 않는 보도를 접하면서 '이 사람은 과연 공감능력이 있는 걸까?' 반문하게 되었다. 또 종교라는 보호막 안에서 만들어진 괴물을 보는 듯한 느낌이었다.

정명석은 공판초기 우리나라 세 손가락 안에 드는 대형로펌을 수임했다. 정조은 또한 중형로펌을 수임했다는 소식을 들었다. 물론 대한민국 국민이라면 피고인이 되었을 때 법조인의 조력을 받을 권리가 있다. 그러나 언제부터 반사회적 사이비 집단에 대한 대형로펌의 수임이 자연스러워졌는지 대한민국의 현실이 슬펐다.

아직 그 단체에 남아 있는 신도들에게서 걷은 돈으로 수임되는 법률비용인 것을 알기에 탈퇴자로써 더 생각이 무거워진다. 교주는 피해자들과 신도들에 대한 미안한 마음이 조금도 없는 듯하다. 절대 반성하는 모습이 아니다. 이 분노와 안타까움은 법의 엄중한 심판이 이루어져야만 해결될 수 있을 것이다.

그러나 법의 엄중한 심판이 이루어지면 이 모든 것이 해결될까? 아니다. 우리 사회는 그리고 한국 개신교는 힘겹게 사이비를 빠져 나온 사람들을 맞을 준비가 되어 있는지 그리고 영혼과 마음에 상처로 고통받는 사람들을 보듬고 도울 준비가 되어 있는지 질문을 던지게 된다.

사이비 피해자들이 그 곳을 빠져나와 용기를 내 고발을 하고 자신이 몸 담았던 단체와 사람들에게 공격을 받으면서도 싸우는 이유는 단 하나다. 다시는 자신과 같은 피해자가 발생하지 않기를 그리고 한 사람이라도 덜 빠지기를 바라는 마음이고 나 또한 그렇게 이 글을 쓰고 있다.

교주가 그리고 사이비가 나쁘다고 욕만 할 것이 아니다. 세상이 그만큼 각박해지고 힘겨운 세상살이 가운데 기댈 곳이 없는 수많은 사람들이 사이비로 빨려 들어간다.

우리 사회와 한국 개신교가 탈퇴자와 제보자들을 따뜻하게 품어주기를 바래본다. 한 때 내가 추앙하고 섬겼던 정조은이 감옥으로 가고 추락하는 모습을 보면서 '인생 한치 앞도 볼 수 없고 오래살고 볼 일'이라는 어른들의 말이 떠오른다.

정조은이 형기를 마치고 다시 사회로 나왔을 때를 생각해본다. 우리 사회와 한국 개신교는 잊지 말아야한다. 그들의 민낯을 알리는 일에 용기를 내주었던 탈퇴자와 제보자들의 노력이 헛되지 않기를 희망한다. '사이비는 망하지 않는다'는 소문이 거짓이 되는 세상을 기대해본다.

맺는말

JMS에 대한 상황은 아직 끝나지 않았다. 우리의 이야기 역시 현재 진행형이다. 해당 도서는 총 3부작 시리즈 중 1부에 해당하는 것으로, 이후 이어질 2부와 3부에서는 각각 '정명석'과 'JMS 교단' 전반적인 이야기에 대해 다룰 것이다.

특히 2부와 3부에서는 JMS의 포교 방식과 JMS가 가지고 있는 특징, 그리고 해당 종교의 경험자가 아니라면 어렵게 느껴질 수 있는 각종 용어에 대해서도 언급해볼까 한다. 또 2부와 3부에서는 기사 이후 더 많은 JMS 탈퇴자들의 이야기를 담아낼 예정이다.

용기를 내어준 수많은 탈퇴자와 제보자들, 출판과정에 기꺼이 참여해준 출판관계자분들께 감사드린다.